LOS DERECHOS DE LA FAMILIA

LOS DERECHOS DE LA FAMILIA

Fermín de Urmeneta

Doctor en Derecho y en Filosofía y Letras, Catedrático de Filosofía, Académico Numerario de la Academia de Doctores y Colaborador de la Academia de Jurisprudencia y Legislación, Del Consejo Superior de Investigaciones Científicas y de la Escuela Lulística de Estudios Mediterráneos, Presidente del Instituto Español de Esperanto y Miembro Vitalicio de la Asociación Esperantista Universal, Miembro Titular de la Sociedad Española de Psicología y Vocal del Instituto de Estudios del Sur de España, Miembro Honorario del Primer Congreso Argentino de Psicología y del Primer Congreso Brasileño de Filosofía, Asesor de la «American Society for Aesthetics» y de la Revista Mexicana Pensamiento Católico, Ex-Magistrado de la Audiencia Provincial de Gerona y Abogado del Ilustre Colegio de Barcelona

EDITORIAL BRUGUERA, S. A.
BARCELONA • BOGOTA • BUENOS AIRES • CARACAS • MEXICO

La presente edición es propiedad de
EDITORIAL BRUGUERA, S. A.
Mora la Nueva, 2. Barcelona (España)

1.ª edición: agosto, 1974

Impreso en España
Printed in Spain

ISBN 84-02-03871-9
Depósito legal: B. 33.132 - 1974

Impreso en los Talleres Gráficos de
EDITORIAL BRUGUERA, S. A.
Mora la Nueva, 2 - Barcelona - 1974

PROLOGO

El presente libro *Los derechos de la familia,* contra lo que pudiera sugerir su título y pese a recoger sugestiones sociales de múltiples procedencias, no es estrictamente un libro de sociología. El hecho de pertenecer a la ya popular colección Libro Práctico de Editorial Bruguera acaso podría, en sí mismo, originar alguna confusión: dado que nada tan práctico, hoy por hoy, como esa ciencia sociológica de la que ya Herbert Spencer afirmara que su enorme riqueza metodológica obstaculiza su conveniente enriquecimiento sistemático. Mas cualquier confusionismo tiene que desaparecer tan pronto como se repara en que el libro, dentro de la colección mentada, está incorporado a la serie "La ley a su alcance": una serie inaugurada por el volumen *Las deudas y la Ley* del profesor Luis M.ª Ribó y cuyo propósito típicamente jurídico era allí resumido, mediante fórmula feliz, en la pretensión de "popularizar el derecho español entre los ciudadanos españoles".

Pues bien, a diferencia de mi anterior aportación a tal serie rotulada *El Código Penal y usted,* en estas páginas la temática va a encuadrarse, por completo y sin rodeos, en el seno del derecho sustantivo o "estimulador de posibilidades humanas": por cuanto si el derecho civil recibe tal nombre por orientarse hacia la estimulación del "civismo", exigible en todo ciudadano auténtico, no cabe duda de que la primera escuela de ciudadanía la hallan los seres humanos en sus respectivas familias; y a ellas empiezan a pertenecer como subordinados o "famulados" bajo una autoridad ajena, para luego exteriorizar la casi universal tendencia a convertirse en "famulantes" mediante un sujetar las voluntades parentales a la propia, como jefes de familia o como algo equivalente.

En otras palabras, el libro *Los derechos de la familia,* que comienza con el presente prólogo, no se dirige sólo a los profesionales de las diversas actividades abogadoras (procuradores, graduados sociales, abogados con o sin ejercicio), ni a los estudiantes de las múltiples carreras existentes con implicaciones jurídicas (las citadas en el anterior paréntesis y además ciencias económicas, o ciencias políticas, o magisterio, o periodismo, para mencionar únicamente unas cuantas), sino que, aun cuando para unos y otros se han procurado introducir incisos sugestivos, se orienta primordialmente a cualesquiera lectores cultos que aspiren a vivenciar su calidad de ciudadanos honrados. No en vano los sabios paremiólogos latinos aseguraban que "donde exista el hombre, existe la sociedad" *(ubi homo, ibi societas)* y que "donde exista la sociedad, existe el Derecho" *(ubi societas, ibi ius)*: para cuyos efectos quizá nada mejor que, siguiendo a santo Tomás de Aquino, conceptuar al hombre auténtico cual "poseedor de humanidad" *(habens humanitatem)* y conceptuar al Derecho cual "habituación a la justicia" *(iustitiae habitudo)*; y de esta suerte, casi por imperativo de las cosas mismas, se impondrá conceptuar a la sociedad cual "agregación de familias" *(familiarum coetus)*.

En consecuencia, sin previa intencionalidad, hemos llegado a la ideación de lo familiar cual célula de lo social: ideación en cuyo derredor múltiples serían las puntualizaciones que cabría aducir, ora a partir de los pontífices-sociólogos reinantes durante la última centuria (desde León XIII hasta Paulo VI, pasando por Benedicto XV el Jurisperito y por Pío XI el Diplomático, por Pío XII el Verticalista y por Juan XXIII el Horizontalista), ora a partir de los sociólogos-seglares de los doscientos últimos años —August Comte, Juan Donoso Cortés, Karl Marx, José Ortega y Gasset, etcétera, etcétera. Pero resistiéndonos a amplias y tentadoras digresiones sociológicas que no hacen al caso, mejor sin duda será aclarar por qué a la casi eterna sociedad familiar se la ha adjetivado como "nueva" y qué corolarios acarreará esto para el conjunto de su contenido.

Vaya por delante, con permiso del lector, la declaración de que las ediciones oficiales a utilizar aquí —tomándolas de la colección "Textos Legales" del Ministerio de Justicia, una quinta edición en lo referente al Código y la segunda en lo concerniente a las leyes forales— serán las siguientes: *Código Civil. Edición Oficial* (Madrid, 1968) y *Leyes civiles forales. Aragón, Cataluña, Alava y Vizcaya, Baleares y Galicia* (Madrid, 1970). Como es sabido, el Código Civil fue elaborado en 1888 y entró en vigor, para toda España, el 1 de mayo de 1889: su dilatada vigencia, durante más de ocho decenios, ha exigido constantemente le renovación de sus instituciones; y tales renovaciones han posibilitado por fortuna, en el ámbito personal, que hoy se pueda hablar de una "sociedad familiar nueva" tanto en lo foral como en lo común y de acuerdo con lo que va a perfilarse acto seguido.

Primeramente, la llamada Ley de Bases de 11 de mayo de 1888 —"autorizando al Gobierno para publicar un Código Civil"—, entre otros preceptos de interés para lo familiar y que se analizarán en el epílogo de esta obra, dejó previsto lo siguiente (art. 6): "El Gobierno, oyendo a la Comisión de Códigos, presentará a las Cortes, en uno o en varios proyectos de Ley, los *apéndices* del Código Civil, en los que se contengan las instituciones forales que conviene conservar en cada una de las provincias o territorios donde hoy existan." Ahora bien, prescindiendo del efímero *Apéndice de Aragón* (promulgado en 1925 y refundido en 1969), algo indudable es que lo apendicular-foral ha sido sustituido mediante leyes especiales o Compilaciones, cuyas fechas —casi quemando etapas, durante apenas dos escasos lustros— han sido las siguientes: el año 1959 para Alava y Vizcaya, el 1960 para Cataluña, el 1961 para Baleares, el 1963 para Galicia y el 1967 para Aragón. Con seguridad, entre todas ellas ha sido la Compilación Catalana la más trascendental: no sólo por el volumen impar de sus trescientas y pico de normas, sino por introducir además en la "nueva sociedad familiar" una serie de ecos de venerables legislaciones (la romana, la canónica, etc.), en torno a cuya impetuosidad reestructuradora se impondrá reflexionar con insistencia.

Paralelamente, recordando la aseveración de nuestro celebrado sociólogo el profesor José Ortega y Gasset, según la cual las generaciones humanas poseen un predominio medio de quince años y otro máximo de treinta, he aquí la lista de unas cuantas reglamentaciones que han venido a modificar el texto del Código de 1888: en 1904, la Ley de 21 de julio (*Gaceta* del 24), modificando un par de normas sucesorias, referentes a testamentos ológrafos y a disposiciones testamentarias en país extranjero (art. 688 y 732 del Código); en 1928, la Ley de 13 de enero (*Gacetas* del 14 y del 28), invocando los preceptos concernientes a la sucesión intestada y reduciendo su alcance desde el parentesco de sexto grado hasta el de cuarto grado (arts. 954 a 957); en 1939, la Ley de 26 de octubre (*Gaceta* del 28), estimulando la edificación y concediendo especialidades a la propiedad horizontal (artículo 396); en 1941, la Ley de 23 de diciembre (*Gaceta* del 27), unificando la mayoría de edad en todas las regiones españolas y fijándola en los veintiún años (art. 320); en 1954, la Ley de 15 de julio (*Gaceta* del 16), alterando las condiciones jurídicas diferenciadoras de los españoles y de los extranjeros (arts. 17 a 28); y en 1958, la Ley de 24 de abril (*Gaceta* del 25), nacida —según su "exposición de motivos", enjundiosísima al igual que casi todo su articulado— para "acomodar nuestro ordenamiento al Concordato concertado el 27 de agosto de 1953 entre la Santa Sede y el Estado español" (de ahí la rectificación de artículos múltiples, del 42 al 1.413).

Finalmente, aun cuando cabría rememorar otras varias reglamentaciones especiales, para no alargar en exceso el presente prólogo acaso nada mejor que acabar puntualizando los artículos del Código Civil que van a ser glosados con detalle a lo largo del libro —del 42 al 180 y del 930 al 958—, entre epígrafes introductorios o de "explicaciones generales" y conclusorios o de "cuestiones prácticas".

En suma, a lo largo de las páginas de *Los derechos de la familia*, el rigor científico, basado no sólo en el derecho común y el derecho foral de la actual España, sino también en nuestro derecho histórico y hasta en el atractivo derecho comparado, procurará ser revestido de cierta amenidad: de esta suerte, los datos doctrinales rubricados por civilistas ilustres —extranjeros o españoles— serán aducidos, sin excepción, desprovistos de posibles "aparatos críticos"; y cual compensación, para facilitar el manejo del libro y de sus criterios (sean legales o codificados, sean jurisprudenciales o de nuestro Tribunal Supremo, estos últimos por la doble senda de las resoluciones de su fiscalía y de las sentencias de sus distintas salas, cuyas fechas suelen ser otros tantos hitos importantes en la consciencialización de nuestras distintas normativas), como complemento de la obra, aparte del inexcusable "índice general", se ofrecerá otro de utilidad probable: un "índice conceptual", cuyas cifras remitan a los artículos comentados dentro de la obra, sin excluir los incorporados a los "apéndices" y referentes a la adopción.

Como tributo de homenaje merecido, permítaseme acabar el presente prólogo mencionando los nombres de seis ministros de Justicia de sucesivos Gobiernos españoles muy influyentes en nuestros ámbitos jurídicos. Dos, de hecho, han gobernado en fechas bien recientes y quedaron luego encumbrados mediante sendas etapas presidenciales dentro de nuestras Cortes: don Esteban Bilbao Eguía, el ministro-restaurador de las heridas posbélicas, y don Antonio Iturmendi Bañales, el ministro-compilador de nuestros fueros o preceptos equivalentes. Otros dos gobernaron bajo el caballeroso reinado de Su Majestad Alfonso XIII: don Joaquín Sánchez de Toca y don Galo Ponte Escartín, autores respectivamente de las aludidas Leyes de 1904 y de 1928, la primera sobre normas sucesorias testamentarias y la segunda sobre sucesiones familiares intestadas. Y los dos postreros nombres a colacionar, en esta rápida galería de juristas hispanos descollantes, serán: don Manuel Alonso Martínez, el autor de la Ley de Bases de 1888, y don José Canalejas Méndez, el promulgador del Código Civil con vigencia a partir del 1 de mayo de 1889. Trátase de seis prohombres insignes de nuestra historia reciente, monárquicos convencidos todos ellos, aún cuando entre matices diferenciales no livianos, cuyas honestas inquietudes jurídicas y políticas bien pueden ofrecerse como ejemplaridades ante nuestro inmediato futuro.

Primera Parte

LA SOCIEDAD MATRIMONIAL Y SUS NORMAS

1. Grupos de instituciones a considerar

Como es sabido, el Código Civil español consta de cuatro únicos libros y sus temáticas —resumibles mediante sus correspondientes epígrafes— tratan separadamente "de las personas" (libro I, arts. 17 a 332), "de los bienes, de la propiedad y de sus modificaciones" (libro II, arts. 333 a 608), "de los diferentes modos de adquirir la propiedad" (libro III, arts. 609 al 1.087) y "de las obligaciones y contratos" (libro IV, arts. 1.088 a 1.975). Adicionando a tales artículos los dieciséis introductorios del "título preliminar" y el conclusorio que constituye su "disposición final", obtiénense los 1.976 preceptos que integran el contenido de nuestro Código máximo, merecedor sin duda de tal adjetivación desde múltiples puntos de vista: entre otros, desde el enfoque cuantitativo, que atendiera a su impar voluminosidad, y desde el enfoque cualitativo, que valorara lo fundamentalísimos que resultan los derechos subjetivos allí protegidos.

Pues bien, es dentro de su aludido libro primero donde la sociedad matrimonial —innegable célula primordialísima de la sociedad familiar— es acogida dentro del título cuarto y bajo el escueto rótulo "del matrimonio" (arts. 43 a 107), al que preceden únicamente los capítulos rotulados "de los españoles y extranjeros" (artículos 17 a 28), "del nacimiento y la extinción de la personalidad civil" (arts. 29 a 34) y "del domicilio" (artículos 40 a 41). La estructura de ese amplio conjunto de normas matrimoniales se distribuye, con laudable rigor metódico, en las diez secciones siguientes:

a) Dentro del capítulo primero o de "disposiciones generales" (arts. 42-74), se incluyen como secciones las intituladas "de las clases de matrimonio" (art. 42), "disposiciones comunes a las dos clases de matrimonio" (artículos 43-52) —alúdese obviamente a los matrimonios canónico y civil, reglamentados paralelamente en la legislación española—, "de la prueba del matrimonio" (arts. 53-55), "de los derechos y obligaciones entre marido y mujer" (arts. 56-66) y "de los efectos de la nulidad del matrimonio y los de la separación personal de los cónyuges" (arts. 67-74). Y adviértase de pasada que el último epígrafe anotado, en su redacción originaria, no se recataba en hablar "de los efectos de la nulidad del matrimonio y los del divorcio", habiendo subsistido la mayoría de sus prescripciones con ligeros retoques, debido a lo cual el gran problema de si *el divorcio* coincide o no con la *separación personal de los cónyuges* —hontanar de otras problemáticas sobre las que, más adelante, será inexcusable el insistir— viene a ser resuelto afirmativamente, cuando menos en el terreno de las terminologías sucesivamente imperantes, ora en el primigenio Código de 1888, ora en su modificada redacción a partir de 1958.

b) Después de las cinco secciones reflejadas en el apartado precedente, dentro del inmediato capítulo segundo o "del matrimonio canónico" (arts. 75-82), vienen a incluirse —a modo de sección única— las normas canonísticas paralelas respecto de las civilísticas del capítulo anterior, cada una de las cuales (sin excepción ninguna, bueno parece anticiparlo) aparecen diversamente redactadas en las fórmulas originarias de 1888 y en las ahora vigentes a partir de 1958.

c) Dentro del capítulo tercero o "del matrimonio

civil" (arts. 83-107), aparece una serie última de cuatro secciones —las que faltaban hasta llegar al anunciado conjunto de diez— y que tratan separadamente "de la capacidad de los contrayentes" (arts. 83-85), "de la celebración del matrimonio" (arts. 86-100), "de la nulidad del matrimonio" (arts. 101-103) y "de la separación" (artículos 104-107). Y conste que aquí, también, la sección última antes de rotularse "de la separación" se rotulaba "del divorcio": alcanzando las reformas introducidas en 1958 y ahora vigentes, sin excepción ninguna tampoco, a todos y cada uno de los artículos correspondientes.

Antes de seguir hacia delante, dando por concluido el presente apartado preliminar, voy a permitirme un rápido escarceo etimológico. Porque no son pocas las gentes de cultura que se sorprenden, a veces estruendosamente, tan pronto como reparan en el paralelismo originador de las palabras "matrimonio" o "función de la madre" y "patrimonio" o "función del padre": voces derivadas respectivamente de los sustantivos latinos *matrimonium* y *patrimonium*, es decir, *matris-munus* y *patris-munus*. Tal sorpresa desaparece, sin embargo, en cuanto se repara en la sabiduría contenida en dos aforismos medievales humanísimos y a cual más orientador: de un lado, aquel que asegura que "cada hijo resulta para su madre gravoso antes del parto, doloroso en el parto y laborioso después del parto" *(infans matri ante partum onerosus, in partu dolorosus et post partum laboriosus)*, aforismo que retrata a la perfección el superior conexionamiento de todo niño con su progenitor femenino y aun sin desdeñar, claro está, el que debe conexionarle con su progenitor masculino; y de otra parte, aquel otro asegurador de que "no debe existir matrimonio sin patrimonio" *(matrimonium esse non debet sine patrimonio)*, principio que viene a vocear la inexcusable función "patrimonial" o sustentadora del varón frente a la "matrimonial" o abnegada de la mujer, dentro de la institución que nos ocupa.

Por cierto que, puestos a rememorar sabrosas terminologías latinas, cabe traer a colación las otras cuatro palabras que los clásicos romanos acuñaron como sinónimas del matrimonio: 1) Nupcias o *nuptiae,* voz derivada del verbo *nubare* o velar, a causa del velo que acostumbra cubrir las cabezas de las desposadas en señal de pudor y de sumisión a sus maridos; 2) Cogeneración o *connubium,* voz mucho menos generalizada que la precedente y denotadora de la común habilidad de los contrayentes en orden a los fines del matrimonio, sobre cuyo sentido y alcance más adelante se insistirá; 3) y 4) Consorcio o *consortium* y conyugio o *coniugium,* voces que vienen a reflejar el anverso y el reverso de la institución matrimonial, en tanto que presentan a los contrayentes no sólo como "consortes" o copartícipes en las suertes, sino además como "cónyuges" o copartícipes en los yugos..., anverso luminoso y reverso sombrío, a decir verdad, que un día u otro suelen desprenderse casi inevitablemente de esa extraña mezcla entre alegrías y tristezas que constituye la naturaleza misma del vivir humano.

Sección 1.ª: CLASES DE MATRIMONIO

2. Explicación general

Siguiendo al profesor José Castán Tobeñas, ilustre civilista y maestro de civilistas, he aquí algunas de las muchas especies señalables ante la institución matrimonial (eso que, a partir de 1958, nuestro Código denomina "clases" y antes se denominaba "formas"):

a) Por su carácter: el matrimonio puede ser canónico o civil. "El primero se celebra con arreglo a las leyes de la Iglesia y produce a la vez efectos canónicos y civiles. El segundo se celebra conforme a la ley civil y es válido ante el Estado, pero no ante el derecho eclesiástico." Esta distinción es la más importante dentro de la actual legislación española, según se comprobará en el apartado inmediato.

b) Por su consumación: el matrimonio puede ser simplemente "rato" o bien "rato y consumado" (así lo llama el Código de Derecho Canónico o *Iuris Canonici Codex,* aun cuando suele designársele simplificadamente como "consumado"). Mientras el primero es "el que no ha sido seguido de unión carnal" —por lo que su posible disolución se sujeta a normas particularísimas—, el segundo en cambio es "el que ha sido seguido de cópula de los contrayentes".

c) Por su publicidad: el matrimonio puede ser público y solemne o secreto y de conciencia. El segundo es "el que se celebra, por circunstancias especiales, en condiciones de reserva, permaneciendo secreto hasta que los cónyuges quieran darle publicidad"; viniendo a coincidir con el mismo el matrimonio clandestino o "a yuras", muy frecuente en nuestro antiguo derecho español; es decir, aquel "en que se presta el consentimiento sin mediar la forma legal de expresión del mismo y que fue considerado como matrimonio legítimo, en derecho canónico, hasta que lo declaró nulo la reforma tridentina".

d) Por sus formalidades o solemnidades: el matrimonio puede ser "ordinario y regular" —aquel "en el que han de observarse las formalidades señaladas por la ley como de común aplicación"— o bien "irregular y anormal" —aquel otro "en el que se dispensa del cumplimiento de alguna formalidad sustancial o, por el contrario, se exigen ciertos requisitos especiales"—. Para mayor claridad, cabe presentar el siguiente inventario de matrimonios irregulares fundamentales entre nosotros: "el celebrado en inminente peligro de muerte, el celebrado por mandatario, el de los militares, el contraído a bordo de buques de guerra o mercantes, el de los españoles en el extranjero y el de los extranjeros en España".

e) Por su fuerza obligatoria: el matrimonio puede ser válido o nulo, "según que se haya celebrado con todas las condiciones de validez y firmeza, o mediando algún impedimento dirimente" (es decir, impedimento anulante o invalidante sin convalidación posible, en contraste con el "impedimento impediente" o convalidable). De ahí que, mientras el primero se subdivide en lícito o ilícito "según que no haya mediado o sí algún impedimento o infracción legal", el segundo se subdivida en nulo-notorio o nulo-putativo, "según que la causa de la nulidad fuere notoria para ambos cónyuges o desconocida por los dos o uno de ellos".

f) Por la condición de las personas contrayentes: los matrimonios pueden ser iguales o desiguales y morganáticos, "según que se celebraran entre personas de igual condición social, y con efectos civiles plenos, o entre personas de distinto rango". Acerca de los segundos, impónense un par de puntualizaciones: ante todo, el hecho —reiteradamente repetido en la historia de la monarquía española— de que suele mediar entre los contrayentes un convenio, a saber, el "pacto de no participar el inferior y los hijos de los bienes y títulos del superior"; y además, remontándose a sus orígenes germánicos, que "recibió este matrimonio el nombre de morganático porque la mujer tenía que contentarse con aquellos bienes que se le daban *ex dono matutino (Morgengabe)*".

Prescindiendo de otras especificaciones menores que alargarían sin necesidad las presentes consideraciones, antes de darlas por concluidas permítaseme sólo advertir que los tres párrafos que integran el artículo único incluido por el Código Civil en la "sección" que nos ocupa serán glosados —en el apartado inmediato— como si *(als ob* dirían los alemanes en este lugar, al igual que en otros muchos) de tres artículos o normas independientes se tratara.

3. Las clases de matrimonio y el Código Civil

Artículo 42-I. **La Ley reconoce dos clases de matrimonio: el canónico y el civil.**

Este párrafo, único en la primigenia redacción del Código de 1888 por lo que afecta al artículo que ahora se glosa, venía a decir (antes de su actual redacción, introducida por la Ley de 24 de abril de 1958): "La Ley reconoce dos formas de matrimonio: el canónico, *que deben contraer todos los que profesen la religión católica;* y el civil, que se celebrará del modo que determina este Código". Ante lo pintoresco que resultaba la expresión subrayada —pese a cuyo pintoresquismo ha seguido vigente durante setenta años, desde 1888 hasta 1958—, es famoso el siguiente comentario del otrora "senador del Reino de España" don Alberto Bosch Fustegueras: "¿No es gracioso, por ejemplo, que el artículo 42, por un descuido de redacción sin duda y nada más que por un descuido de redacción, parezca escrito por una solterona, puesto que obliga a casarse inmediatamente a todos los laicos solteros y viudos, y hasta a los sacerdotes y a los frailes?..." En consecuencia, se impone aplaudir la mejora introducida por la última redacción del párrafo controvertido y que viene completado por otros dos que acrecientan todavía tal mejora, según podrá comprobarse a continuación.

Artículo 42-II. **El matrimonio habrá de contraerse canónicamente cuando uno al menos de los contrayentes profese la religión católica.**

Atendiendo al derecho comparado, se advierte que esta norma excluye de nuestra nación los siguientes sistemas matrimoniales: ora el sistema que valora al matrimonio como acto privado (vigente en Rusia, en Escocia y en alguno de los Estados Unidos de Norteamérica, o sea en cuantas naciones siguen aceptando los llamados matrimonios clandestinos o "meramente consensuales", sin requisitos ni para su registro ni para su disolución), ora el sistema de la forma exclusivamente religiosa (vigente muchos años en Polonia, en Lituania y hasta en España, donde la introdujo la Real Cédula de Felipe II de 12 de julio de 1564 y donde siguió subsistente hasta 1870), ora el sistema de la forma civil obligatoria como previa a cualquier otra (vigente en países como Francia, Países Bajos, Suiza... y episódicamente introducida en España durante un par de quinquenios, desde 1870 hasta 1875 bajo el amparo de la Constitución monárquica de don Amadeo de 1869, y desde 1932 hasta 1936 bajo el respaldo de la Constitución de la II República española de 1931), ora, en suma, el sistema de la libre elección por los contrayentes del cauce canónico o del civil (vigente en Inglaterra a partir de 1836, en Suecia a partir de 1920 y en algún otro país). En lugar de esos sistemas, el vigente en España es el llamado por Castán "sistema de la forma religiosa preponderante, con forma civil subsidiaria": sistema que ha sido compartido con nosotros por otras muchas naciones (Austria, Dinamarca, Noruega, etc.) e introducido en nuestra legislación por el Decreto-Ley de 9 de febrero de 1875, a partir de cuya fecha ha venido rigiendo, con la única excepción del período republicano aludido (cuya Ley de 28 de junio de 1932, que reconocía como única forma de matrimonio al civil, dejó de tener vigencia a partir del Alzamiento Nacional y fue expresamente derogada por la Ley de 12 de marzo de 1938, restablecedora de nuestra precedente criteriología).

Artículo 42-III. **Se autoriza el matrimonio civil cuando se pruebe que ninguno de los contrayentes profesa la religión católica.**

Para calibrar bien el carácter subsidiario del matrimonio civil aquí delineado, nuestro Ministerio de Justicia (mediante Orden del 12 de marzo de 1940, vigente en la actualidad) ha venido a puntualizar: "Los jueces municipales no autorizarán otros matrimonios civiles que aquellos en que, habiendo de contraerse por quienes no pertenezcan a la religión católica, se pruebe documentalmente la acatolicidad de los contrayentes: o en el caso de que esta prueba documental no fuere posible, presenten una declaración jurada..."

4. Cuestiones prácticas sobre clases de matrimonio

Pregunta: Habida cuenta de las múltiples codificaciones forales que han seguido al Código Civil de 1888 (la de Vizcaya y Alava en 1959, la de Cataluña en 1960, la de Baleares en 1961, la de Galicia en 1963 y la de Aragón en 1967, esta última basada en el precedente *Apéndice* de 1925), ¿precisará acudir a ese conjunto de textos legales para saber con certeza si las legislaciones forales afectan al derecho matrimonial?

Respuesta: Rotundamente, no: a estos efectos, sigue vigente el artículo 12 del Código cuando equipara a su título preliminar (arts. 1 a 16) el título que versa acerca "del matrimonio" (arts. 42 a 107), al preceptuar sin rodeos: "Las disposiciones de este título, en cuanto determinan los efectos de las leyes y de los estatutos y las reglas generales para su aplicación, son obligatorias en todas las provincias del Reino. También lo serán las disposiciones del título 4.°, libro primero".

P.: El matrimonio meramente civil contraído entre católicos, ¿puede jurídicamente ser calificado como "farsa"?

R.: Desde luego que sí: tal hizo determinado párroco que luego fue llevado a los tribunales y fue absuelto de toda responsabilidad por la Sala 2.ª de nuestro Tribunal Supremo (10 de junio de 1893).

P.: Los sacerdotes convenientemente "ordenados" y que no hayan obtenido previas dispensas canónicas, ¿pueden acogerse a alguna de las modalidades del matrimonio canónico o del civil?

R.: Si son españoles, ello no les resulta posible ni en España ni en el extranjero, a menos que renuncien previamente a su nacionalidad española: así lo tiene declarado, con rotundidad, nuestro Tribunal Supremo (10 de julio de 1916).

P.: El matrimonio contraído por extranjeros en España, ¿por qué normas debe regirse?

R.: Según el Código Civil (art. 11-I), "las formas y solemnidades de los contratos (no se olvide que en el matrimonio, amén de lo sacramental, lo contractual es también una realidad), testamentos y demás instrumentos públicos se rigen por la ley del país en que se otorguen": resultando especialmente aplicable esta vigencia de la ley local o *lex loci*, según nuestro Tribunal Supremo, en cuanto a la forma canónica o civil de la celebración matrimonial; en otras palabras, que rige para tales casos la ley del lugar, o sea la española (12 de julio de 1898).

P.: Para el caso de que un matrimonio sea contraído por españoles en el extranjero, ¿cuál será la norma aplicable?

R.: Según el Tribunal Supremo, es nulo de no ajustarse a las condiciones de capacidad y forma exigidas por la ley española (1 de mayo de 1919): algo ya previsto por el propio Código Civil, enaltecedor en este orden de la ley personal o *lex sanguinis*, al preceptuar que "las leyes relativas a los derechos y deberes de familia (no se olvide tampoco que lo matrimonial es el tronco de lo familiar), o al estado, condición y capacidad legal de las personas, obligan a los españoles aunque residan en país extranjero" (art. 9).

P.: El matrimonio canónico, en España, ¿puede ser calificado como "único" posible entre personas católicas?

R.: Así lo ha calificado nuestro Tribunal Supremo, sin reserva ninguna (16 de noviembre de 1905): en lo cual ha venido a coincidir con el Código de Derecho canónico cuyo capítulo "sobre el matrimonio" acepta, al margen de lo sacramental, al "matrimonio entre no bautizados válidamente celebrado" (canon 1.015: *matrimonium inter non baptizatos valide celebratum)*, pero agregando que "entre bautizados no puede persistir contrato matrimonial válido ninguno sin que, por ello mismo, no sea sacramento" (canon 1.012: *inter baptizatos nequit matrimonialis contractus validus consistere, quin sit eo ipso sacramentum)*.

Sección 2.ª: DISPOSICIONES COMUNES A LAS DOS CLASES DE MATRIMONIO

5. Explicación general

Hace ya años, en mi libro *La doctrina psicológica y pedagógica de Luis Vives* (Barcelona, Consejo Superior de Investigaciones Científicas, 1949: pág. 380 y siguientes), presenté a este ilustre humanista español como certero definidor del matrimonio: mediante conceptuación que bien puede ser parangonada con la formulada por el jurista romano Modestino, si bien con la diferencia de que mientras ésta se adecua mejor al matrimonio civil, aquélla refleja más bien el matrimonio canónico.

Para comprobación de lo acabado de aseverar, acaso nada tan procedente como reproducir las dos formulaciones aludidas, habida cuenta de que vienen a compendiar lo esencial de las dos únicas clases de matrimonio realmente importantes aceptadas por el actual derecho español. Junto a ellas, en honor a la verdad, las restantes "clases" no pasan de especificaciones excepcionales: según ya se puntualizó en el apartado 2, subapartado *d)*. Por un lado, he aquí la definición por Modestino del matrimonio civil (recogida en el *Digesto,* I, 23, 2.º): "Conjunción y consorcio entre marido y mujer, para comunicación de la omnímoda vida, según los derechos divino y humano" *(coniunctio maris et feminae et consortium, omnis vitae divini et humani iuris communicatio)*. Y en paralelismo estricto, tenemos la definición por Vives del matrimonio canónico (manifestada en su famosísimo libro *Deberes del marido,* introducción): "Compenetración entre un varón y una mujer, en orden a la convivencia y la comunicación de toda la vida, mediante una legítima conjunción" *(coniugium esse unius viri et unius feminae, ad convictus communionemque vitae totius, legitimam coniunctionem)*.

Si comparamos la definición de Vives con la de Modestino, advertiremos que de los tres sustantivos que se emplean tanto en una como en otra uno de ellos es idéntico —el nombre *coniunctio* o conjunción—, mientras los otros dos pueden casi considerarse como sinónimos: pues la convivencia o *convictus* es frente al consorcio o *consortium* casi lo mismo que la comunión o *communio* viene a ser frente a la comunicación o *communicatio*. Junto a tales analogías en lo fundamental, las diferencias resultan accesorias, pese a lo cual procederá enumerarlas:

1.ª) Vives subraya, a diferencia de Modestino, el carácter monogámico del matrimonio y de ahí que lo presente como la unión de un solo varón con una sola mujer *(unius viri... unius feminae)*. Este subrayamiento de lo monogámico deriva —¡por qué no decirlo!— del derecho matrimonial de la Iglesia Católica: pues mientras en derecho civil cabe imaginar sin dificultad "libelos de repudio" sometidos a ciertas normas, ello resulta inimaginable en derecho canónico.

2.ª) Vives reflexiona sobre la finalidad propia del matrimonio y la expresa mediante la partícula "ad" ("en orden a"), empleo que no hallamos en el concepto de Modestino. Y tanto es así, que algo más adelante dentro del libro citado (capítulo 1.º), el propio Vives afirmará que "los fines del matrimonio son la descendencia y la convivencia" *(connubii finis soboles est et convictus)*:

fórmula dual que, en nuestro siglo xx, viene a repetir el Código de Derecho Canónico, llamando fin primario a la primera y fin secundario a la segunda, desdoblando cada una de esas finalidades en otras dos y al siguiente tenor: "El fin primario del matrimonio es la procreación y la educación de la prole, mientras su fin secundario es el mutuo auxilio y el remedio de la concupiscencia" (canon 1.013-I: *Matrimonii finis primarius est procreatio atque educatio prolis, secundarius mutuum adiutorium et remedium concupiscentiae)*.

3.ª) La locución de Modestino "según los derechos divino y humano" *(divini et humani iuris)* es sustituida por Vives mediante el adjetivo "legítima", atribuido al sustantivo "conjunción" *(legitimam coniunctionem)*, con lo cual vuelve Vives a presentarse más como canonista que como civilista: ya que mientras en lo civil el matrimonio es básicamente dual —mitad contrato y mitad rito, o si se prefiere, mitad sometido al derecho natural y mitad sometido al derecho positivo—, en lo canónico, por el contrario, muéstrase como intrínsecamente unitario.

4.ª) Otras diferencias de menor alcance son la sustitución del sustantivo definido "nupcias" *(nuptiae* en Modestino) por el de "compenetración" *(coniugium* en Vives) y de los términos definientes marido o *maris* y omnímoda u *omnis* por los más genéricos de varón o *viri* y de toda o *totius*.

En suma, tras resistirnos a seguir haciendo puntualizaciones sobre las dos clases de matrimonio cuya regulación positiva va a ocuparnos acto seguido, tal vez no resulte inoportuno concluir rememorando que otro dualismo importante —en tanto que latente dentro de toda institución matrimonial auténtica— ha sido el subrayado por el Concilio Vaticano II, cuando nos ha descrito tal institución como una "comunidad de amor y de vida" (Constitución *Gaudium et Spes*, II, 48).

6. Las disposiciones comunes a las dos clases de matrimonio y el Código Civil

Artículo 43. **Los esponsales de futuro no producen obligación de contraer matrimonio. Ningún tribunal admitirá demanda en que se pretenda su cumplimiento.**

Oponiéndose a las dilatadas consecuencias que los pueblos antiguos —desde los hebreos hasta los romanos, pasando por los griegos y los germanos, entre otros muchos— atribuían a las contrataciones esponsalicias, fue el rey Carlos IV de España (por R. D. de 10 de abril de 1803) quien vino a anticipar el presente artículo y su inmediato complementario, cuando ordenó para robustecer la libertad matrimonial: "En ningún tribunal eclesiástico ni secular de mis dominios, se admitirán demandas de esponsales, si no es que sean prometidas por escritura pública". A partir de ese momento, ser esposo o esposa ha pasado a significar respectivamente —y contra lo que venía ocurriendo antes, cuando los convenios esponsalicios podían fijarse con detalle para niños o niñas, mucho antes de la edad núbil— marido o mujer.

Artículo 44. **Si la promesa se hubiere hecho en documento público o privado, por un mayor de edad, o por un menor asistido de la persona cuyo consentimiento sea necesario para la celebración del matrimonio, o si se hubieren publicado las proclamas, el que rehusare casarse sin justa causa estará obligado a resarcir a la otra parte los gastos que hubiese hecho por razón del matrimonio prometido. — La acción para pedir el resarcimiento de gastos, a que se refiere el párrafo anterior, sólo podrá ejercitarse dentro de un año contado desde el día de la negativa a la celebración del matrimonio.**

Este artículo viene a ser justa complementación del precedente, en especial habida cuenta de la trascendencia que a veces revisten las llamadas "proclamas" —instituidas inicialmente en el año 1198 por la diócesis de París, de donde pasaron en 1215 al Concilio de Letrán presidido por el papa Inocencio III, para perpetuarse luego merced al Concilio de Trento y al Código de Derecho Canónico (canon 1.017)—, en el bien entendido de que, para que tenga lugar cualquier indemnización, han de haberse hecho tales proclamas con consentimiento de las dos partes (6 de abril de 1929).

Artículo 45. **Está prohibido el matrimonio: 1.º Al menor de edad no emancipado por anteriores nupcias que no haya obtenido la licencia de las personas a quienes corresponde otorgarla. — 2.º A la viuda, durante los trescientos un días siguientes a la muerte de su marido o antes de su alumbramiento, si hubiese quedado encinta, y a la mujer cuyo matrimonio hubiera sido declarado nulo, en los mismos casos y términos, a contar desde su separación legal. — 3.º Al tutor, con las personas que tenga o haya tenido en guarda, hasta que, cesado su cargo, se aprueben las cuentas del mismo, salvo el caso de que el padre de la persona sujeta a tutela hubiese autorizado el matrimonio en testamento o escritura pública.**

Comentando este artículo, ha escrito el profesor J. Rimblas Rimblas: "Las prohibiciones del artículo 45 están fundadas en razones de índole moral (núms. 2 y 3) o de patria potestad (núm. 1), pero no anulan el matrimonio, si a pesar de ellas se contrae. Dicho matrimonio da lugar a la sanción civil del artículo 50 de este Código" (sanción sobre la que, en este mismo apartado, habrá que pronunciarse dentro de poco). Y a tal comentario sólo procede adicionar que el párrafo primero de esa norma fue rehecho en 1958, pues en la redacción originaria de 1888 se excluía conjuntamente "al *menor* de edad que no haya obtenido la *licencia* y al *mayor* que no haya solicitado el *consejo* de las personas a quienes corresponda otorgar una y otro en los casos determinados por la ley"; con lo cual, al lado de las subsistentes licencias exigidas a los menores, se demandaba a los mayores de edad unos oportunísimos consejos; y conste que, al rectificarse en 1958 la redacción de 1888, vino a recogerse la discutible criteriología inaugurada en nuestra patria por la Ley de 28 de junio de 1932 (la norma que, por vez primera, declaró innecesario el consejo "paterno" o equivalente a la hora de contraer matrimonio un mayor de edad).

Artículo 46. **Corresponde otorgar la licencia para el matrimonio de los hijos legítimos al padre; faltando éste o hallándose impedido, en orden sucesivo, a la madre, al abuelo paterno, al materno, a las abuelas paterna o materna y, en su defecto, al consejo de familia.**

También este artículo aparece modificado a partir de 1958: no sólo porque con anterioridad se refería también a los hijos ilegítimos —algo ahora traspasado al artículo 47—, sino además porque alude expresamente a "las abuelas paterna o materna", algo que antes algunos civilistas consideraban involucrado en las referencias a los correspondientes abuelos (por ejemplo, el autorizado Manresa), si bien ahora las dudas al respecto de la redacción de 1888 han quedado por completo disipadas.

Artículo 47. **Si se tratare de hijos naturales reconocidos o legitimados por concesión real, la licencia deberá ser pedida a los que lo reconocieron y legitimaron, a sus ascendientes y al consejo de familia, por el orden establecido en el artículo anterior. — Si se tratare de hijos adoptivos, se pedirá la licencia al adoptante. En su defecto, si la adopción es plena, se solicitará al consejo de familia; si es menos plena, antes que a éste se pedirá**

a las personas de la familia natural a quienes corresponda. — Los demás hijos ilegítimos obtendrán la licencia de su madre, cuando fuere legalmente conocida; la de los abuelos maternos, en el mismo caso; y a falta de unos y otros, la del consejo de familia. — A los jefes de las casas de expósitos corresponde prestar la licencia para el matrimonio de los educados en ellas.

En su redacción de 1888, este artículo era harto diverso, al siguiente tenor: "Los hijos mayores de edad están obligados a pedir *consejo* al padre y, en su defecto, a la madre. Si no lo obtuvieren, o fuere desfavorable, no podrá celebrarse el matrimonio hasta tres meses después de hecha la petición". Y al quedar suprimido el aludido "consejo" en España, a partir de 1932, su puesto ha venido a ocuparlo el conjunto de hipótesis relativas a las "licencias" a obtener por los hijos no legítimos: hipótesis en 1888 recogidas en el artículo 46, mientras que al pasar en 1958 al artículo 47 lo han hecho sin apenas variación, como no sea el haber introducido la discriminación entre "adopción plena" y "adopción menos plena" (llamada a desaparecer en el futuro, según múltiples indicios, en las normas hoy bajo estudio concernientes a las futuras adopciones de hijos).

Artículo 48. **Antes de la celebración del matrimonio, los contrayentes habrán de acreditar que obtuvieron la licencia. — En ambas clases de matrimonio, bastará para ello documento que haya autorizado un notario o el encargado del Registro Civil del domicilio del solicitante. — Cuando se trate de matrimonio canónico, podrá ser también autorizado el documento por el párraco o por un notario eclesiástico.**

En la redacción de 1888, este artículo recogía asimismo otras hipótesis posibles, al proclamar: "La *licencia* y el *consejo* favorable a la celebración del matrimonio deberán acreditarse, al solicitar éste, por medio de documento que haya autorizado un *notario* civil o eclesiástico, o el *juez* municipal del domicilio del solicitante. Del propio modo se acreditará el transcurso del tiempo a que alude el artículo anterior, cuando inútilmente se hubiere pedido el consejo". Aparte de insistir ahora sobre las subrayadas dualidades (es decir, licencia-consejo en lo objetivo y notario-juez en lo subjetivo), me interesa potenciar un par de puntualizaciones jurisprudenciales: en cuanto a los jueces, la afirmación de que no pueden negarse a concurrir —por sí mismos o por delegación— a un acto matrimonial, alegando que no es válido el consentimiento prestado (11 de marzo de 1915); y en cuanto a los párrocos, la negación de que sea punible el hecho de proceder a la celebración de un matrimonio sin que primero se acredite el consentimiento paterno o equivalente (12 de mayo de 1884).

Artículo 49. **Ninguno de los llamados a otorgar la licencia está obligado a manifestar las razones en que se funda para concederla o negarla. — No obstante, si la licencia fuere negada, el matrimonio podrá celebrarse si se autoriza por el ordinario del lugar o por el presidente de la Audiencia Territorial, según fuere canónico o civil. A todos los efectos, la autorización equivaldrá a la licencia. — El presidente, oído el ministerio fiscal, adoptará su resolución en expediente que se instruirá por el juez encargado del Registro Civil del domicilio del solicitante, en el que se oirá a los padres y a las personas que juzgue conveniente.**

En 1888, esta norma era mucho más incompleja, pues se limitaba a prescribir: "Ninguno de los llamados a prestar su consentimiento o consejo está obligado a manifestar las razones en que se funda para concederlo o negarlo, ni contra su disenso se da recurso alguno". Como puede advertir cualquier avispado lector, esa originaria ausencia de recursos posibles ha sido sustituida —a partir de 1958— por una doble vía de rectificación conseguible, ora ante el ordinario u obispo de la diócesis cuando se trata de matrimonios canónicos, ora ante el presidente de la Audiencia Territorial cuando se trata de matrimonios civiles.

Artículo 50. **Si a pesar de la prohibición del artículo 45 se casaren las personas comprendidas en él, su matrimonio será válido, pero los cónyuges quedarán sometidos a las siguientes reglas: 1.ª Se entenderá contraído el casamiento con absoluta separación de bienes, y cada cónyuge retendrá el dominio y administración de los que le pertenezcan, haciendo suyos todos los frutos, si bien con la obligación de contribuir proporcionadamente al sostenimiento de las cargas del matrimonio. — 2.ª Si uno de los cónyuges fuere menor no emancipado, no recibirá la administración de sus bienes hasta que llegue a la mayor edad. Entretanto, sólo tendrá sobre dichos bienes derecho a alimentos. — 3.ª En los casos del número tercero del artículo 45, el tutor cesará en su cargo, perdiendo la administración de los bienes de la persona sujeta a tutela, desde que se celebre el matrimonio.**

Dejando aparte la posible glosa de unas consecuencias que hablan por sí mismas, como las recogidas en este precepto, hay dos enmiendas al texto de 1888 por la revisión de 1958 —entre otras de enjundia menor— que bien merecen ser aquí elogiadas: de un lado, la enmienda que ha suprimido del párrafo introductorio la amenazadora locución "sin perjuicio de lo dispuesto en el Código Penal", que por latir bajo otras muchas normas del Código Civil se ofrecía aquí como reiterativa y hasta inoportuna; de otro lado, la enmienda que ha omitido tras su párrafo primero la declaración de que "ninguno de los contrayentes podrá recibir del otro cosa alguna por donación ni testamento", declaración que cercenaba incorrectamente una doble libertad tan mimada por la legislación civil española como la de donar y la de testar.

Artículo 51. **No producirá efectos civiles el matrimonio canónico o civil cuando cualquiera de los cónyuges estuviese ya casado legítimamente.**

Ante esta implícita alusión a la bigamia, se imponen dos referencias, a cual más importante: primera, referirse al capítulo del Código Penal concerniente a la "celebración de matrimonios ilegales" (arts. 471 a 479) y, paralelamente, referirse a que, para la declaración de la ineficacia civil del segundo matrimonio —haya o no mediado mala fe, pues todo es posible—, no precisa que los tribunales lo declaren nulo, sino que basta el hecho de que ante ellos se acredite el matrimonio legal anterior (19 de enero de 1926).

Artículo 52. **El matrimonio se disuelve por la muerte de uno de los cónyuges.**

Esta postrera norma de la sección que nos ocupa, tan clara en apariencia, viene oscurecida por las presunciones de fallecimientos que el propio Código Civil introduce entre sus normas acerca "de la ausencia" (arts. 181 a 198).

7. Cuestiones prácticas sobre las disposiciones comunes a las dos clases de matrimonio

Pregunta: Los resarcimientos ante negativas a que se celebren determinados matrimonios, previstos en el artículo 44 del Código Civil, ¿cómo podrán obtenerse judicialmente?

Respuesta: Según repetidas sentencias del Tribunal Supremo, la competencia para conocer de esas reclamaciones corresponde al juzgado del domicilio del demandado (4 de julio de 1907, 28 de setiembre de 1911, 14 de enero de 1913).

P.: La viuda, aunque sea anciana, ¿ha de esperar el transcurso del plazo del artículo 45 del Código, o sea diez meses cumplidos, para contraer nuevo matrimonio?

R.: Atendiendo a la legislación comparada, cabe advertir que algunos países autorizan al juez para acortar ese plazo de origen romanístico, cuando resulta imposible que la viuda haya quedado encinta (por ejemplo, artículo 103 del Código Civil suizo). Mas en España la prohibición no admite excepciones judiciales (23 de octubre de 1907).

P.: La prohibición evocada en la pregunta anterior y las que figuran en ese mismo precepto, ¿privan al matrimonio de toda eficacia tanto en lo civil como en lo penal?

R.: En lo civil, habrá que atenerse a las disposiciones del artículo 50 del propio Código; y en lo penal, no se priva al matrimonio de su eficacia, en cuanto a los posibles efectos de responsabilidades criminales (5 de enero de 1898). Esta criteriología jurisprudencial alude implícitamente a tres posibles delitos concurrentes: violación, estupro o rapto (véanse los artículos 429 a 442 del Código Penal).

P.: Volviendo al caso de la viuda, aparte de lo judicial, ¿existe alguna vía para abreviar el referido plazo de trescientos un días?

R.: Desde luego que sí, existe la vía gubernativa. Por ello, el propio Código Civil, algo más adelante, tiene previsto que "el Gobierno, con justa causa, puede dispensar a instancia de parte el impedimento comprendido en el número 2.° del artículo 45".

P.: El matrimonio civil contraído entre bautizados, ¿impide o no celebrar un ulterior matrimonio canónico?

R.: En términos generales, no lo impide, pues la Iglesia considera concubinato a la primera unión y se aplica entonces el llamado Privilegio Paulino por el Código de Derecho Canónico (canon 1.120). En España concretamente, sin embargo, un par de sentencias del Tribunal Supremo han considerado "bigamia" a tal sucesión de uniones (1 de abril de 1882 y 29 de enero de 1891).

P.: El invocado Privilegio Paulino o de la Fe, ¿en qué consiste exactamente?

R.: Resumiendo la norma canónica rememorada, puede explicarse así: permite, en los matrimonios de infieles o no bautizados, contraer nuevo matrimonio al cónyuge que se convierte al catolicismo y bajo previas condiciones (en especial, consultar al otro cónyuge si quiere también convertirse o si está dispuesto a vivir en paz con él sin contumelia religiosa), en el bien entendido de que, ante cualquier duda, tal privilegio goza del favor del derecho (cánones 1.121 a 1.127).

Sección 3.ª: PRUEBA DEL MATRIMONIO

8. Explicación general

En derecho romano, admitíase como prueba del matrimonio la realidad de la convivencia entre varón y mujer, acompañada de cierta afección marital *(affectio maritalis)*.

Por el contrario, en derecho moderno se estima exclusivamente como prueba del matrimonio la del acto que origina el estado conyugal, debido a lo cual se arbitran cauces de prueba ordinarios y extraordinarios.

Inicialmente, como cauce ordinario por excelencia, precisa atender al título extraído del registro público correspondiente, el cual en España es —a partir del 1 de enero de 1870— el llamado Registro Civil.

Subsidiariamente, como cauces extraordinarios, cabe señalar los siguientes:

a) Para los matrimonios anteriores a la fecha indicada, la partida sacramental autorizada por el párroco (hoy por cierto muy utilizada en expedientes nobiliarios para nupcias contraídas hace más de un siglo, al igual como las "partidas de bautismo" canónicas por esas fechas vienen a suplir las ulteriores "partidas de nacimiento" civiles).

b) A falta de inscripción en el libro parroquial correspondiente, o habiendo desaparecido —tanto para antes como para después de la puesta en marcha del Registro Civil—, deberá acudirse a los usuales medios probatorios establecidos por las leyes.

c) Para el período comprendido entre setiembre de 1870 y enero de 1875 (coincidente con el período de "civilismo anticanonista" ya aludido, a propósito del rey don Amadeo), precisará atenerse a lo puntualizado por el profesor Sánchez Román al escribir: "Como el Decreto de 9 de enero de 1875 consideró válidos, con efecto retroactivo, los matrimonios canónicos celebrados desde 1 de setiembre de 1870, resulta subsistiendo para estos matrimonios la prueba por la partida sacramental. A contar desde el Decreto de 9 de febrero de 1875, en que se ordena la trascripción al Registro de dicha partida para que los matrimonios produjeran efectos civiles, la prueba será la certificación del asiento del Registro en que se halla transcrita dicha partida".

Tras la precedente criteriología genérica, y reservando determinadas especificaciones para el inmediato apartado, llegada parece ya la hora de entrar en la glosa de las normas del Código Civil sobre la materia.

9. La prueba del matrimonio y el Código Civil

Artículo 53. **Los matrimonios celebrados antes de regir este Código se probarán por los medios establecidos en las leyes anteriores. — Los contraídos después se probarán sólo por certificación del acta del Registro Civil, a no ser que los libros de éste no hayan existido o hubiesen desaparecido, o se suscite contienda ante los tribunales, en cuyos casos será admisible toda especie de prueba.**

Aun cuando la fecha del Código Civil data de 1888, en el apartado anterior se aludió ya al criterio del profesor Sánchez Román —que han hecho suyo Castán,

Scaevola y otros muchos civilistas—, según el cual la fecha de 1875 es la delimitadora a nuestro respecto: los matrimonios anteriores, "se probarán por los medios establecidos", o sea por partidas sacramentales; y los posteriores, habida cuenta de que el Registro Civil venía funcionando desde 1871, por actas de tal Registro.

Artículo 54. **En los casos a que se refiere el párrafo segundo del artículo anterior, la posesión constante de estado de los padres, unida a las actas de nacimiento de sus hijos en concepto de legítimos, será uno de los medios de prueba del matrimonio de aquéllos, a no constar que alguno de los dos estaba ligado por otro matrimonio anterior.**

Glosando este precepto, ha escrito el profesor J. Rimblas Rimblas: "Este artículo es criticado por los comentaristas que ven en él un reconocimiento del concubinato legal. Pero... antes de la publicación del Código Civil el matrimonio celebrado sin inscripción, en el Registro, ni era nulo ni producía la ilegitimidad de la prole".

Artículo 55. **El casamiento contraído en país extranjero, donde estos actos no estuviesen sujetos a un registro regular o auténtico, puede acreditarse por cualquiera de los medios de prueba admitidos en derecho.**

Por si algún lector preguntara cuáles son los "medios de prueba" ahí invocados, cabe responderle con palabras del propio Código Civil (art. 1.215): "Las pruebas pueden hacerse: por instrumentos, por confesión, por inspección personal del juez, por peritos, por testigos y por presunciones". (Insisten sobre esto mismo el art. 578 de la Ley de Enjuiciamiento Civil y el art. 69 de la Ley del Registro Civil.)

10. Cuestiones prácticas sobre la prueba del matrimonio

Pregunta: ¿Guarda alguna relación la prueba de los matrimonios anteriores al Registro Civil y la adveración de la legitimidad de los correspondientes hijos?

Respuesta: Desde luego que sí: tales matrimonios se justifican con la sola presentación de las partidas sacramentales, adverándose así al propio tiempo la legitimidad de la prole (21 de junio de 1901).

P.: La prueba supletoria insinuada en el párrafo segundo del artículo 53 del Código, ¿es siempre admisible?

R.: Sólo es admisible, con exclusividad, en defecto de la partida matrimonial (15 de junio de 1920).

P.: ¿A quién compete declarar si se celebró o no un determinado matrimonio dudoso?

R.: Es siempre competencia de la jurisdicción ordinaria el declararlo, mediante pronunciamiento afirmativo o negativo (6 de diciembre de 1901).

P.: En la legislación eclesiástica, ¿existen pruebas escalonadas del matrimonio canónico?

R.: Según el destacado canonista profesor Eloy Montero, el matrimonio eclesiástico se prueba por las partidas matrimoniales, o por las del libro de bautizados en las que esté anotado el matrimonio, o por medio de testigos, o en último término por la declaración jurada de ambos cónyuges.

P.: En derecho canónico, ¿existe alguna presunción favorable o desfavorable a lo matrimonial, ante los casos dudosos?

R.: Existe una presunción favorable, al siguiente tenor (canon 1.014 del Código de Derecho Canónico): "El matrimonio goza del favor del derecho, por lo cual ante la duda debe estarse en favor del valor del matrimonio mientras no se pruebe lo contrario, salvo lo prescrito en el canon 1.127" *(Matrimonium gaudet favore iuris, quare in dubio standum est pro valore matrimonii donec contrarium probetur, salvo praescripto*, can. 1.127).

P.: A la vista de cómo termina el canon acabado de transcribir, ¿es que existe alguna otra presunción jurídica superior?

R.: Así ocurre en efecto, según ya se insinuó con anterioridad a propósito del Privilegio Paulino o de la Fe, por lo cual a nadie puede sorprender que la presunción promatrimonial se subordine a la propaulina. Eso es lo que viene a sugerir el que el canon 1.014 se remita al 1.127, cuyo texto es el siguiente: "Ante una realidad dudosa, el Privilegio de la Fe goza del favor del derecho" *(in re dubia Privilegium Fidei gaudet favore iuris)*.

Sección 4.ª: DERECHOS Y OBLIGACIONES ENTRE MARIDO Y MUJER

11. Explicación general

Bajo el epígrafe "Efectos del matrimonio" (*"De matrimonii effectibus"*), el Código de Derecho Canónico incluye ocho preceptos cuya glosa —con toda seguridad— bien puede servir de introducción al ulterior comentario de las paralelas normas emanadas del Código Civil, las cuales nos ocuparán en el apartado inmediato.

Deslindando lo natural y lo sobrenatural, he aquí los primeros efectos canónicos de nuestra institución: "Del matrimonio válido nace entre los cónyuges un vínculo perpetuo y exclusivo por naturaleza propia, amén de que el matrimonio cristiano confiere gracia especial a los consortes no resistentes a la misma" (canon 1.110: *Ex valido matrimonio nascitur inter coniuges vinculum natura sua perpetuum et exclusivum, matrimonium praerterea christianum coniugibus non ponentibus obicem gratiam confert*).

Tras la vinculación contractual y la gracia sacramental, he aquí otro par de adjetivaciones canónicas que afectan por igual a los casados, sin distinción de su sexo: "Para ambos cónyuges, desde el mismo inicio del matrimonio, resulta equitativo en derecho y obligado cuanto afecta a los actos propios de la vida conyugal" (canon 1.111: *Utrique coniugi ab ipso matrimonii initio aequum ius et officium est quod attinet ad actus proprios coniugalis vitae).*

Continuando bajo el doble signo de la equidad y de la obligatoriedad invocadas en el artículo precedente, para evitar irritantes discriminaciones entre los esposos cristianos —señalables casi siempre en tiempos o en espacios de predominancia pagana—, prosigue preceptuando el Código Canónico: "Salvo que por estipulación particular se haya establecido otra cosa, la mujer se hace partícipe de la condición del marido, en cuanto a los canónicos efectos" (canon 1.112: *Nisi iure speciali aliud cautum sit, uxor circa canonicos effectus particeps efficitur status mariti).*

Pasando ya a los comunes deberes frente a los hijos, empieza el Código Canónico pormenorizando los diversos aspectos de su educación integral, al siguiente tenor: "Con gravísima obligatoriedad los padres cuidarán de la educación de su prole, tanto en lo religioso y moral como en lo físico y lo cívico, sin descuidar sus energías y proveyendo también a su bienestar temporal" (canon 1.113: *Parentes gravissima obligatione tenentur prolis educationem tum religiosam et morale, tum physicam et civilem pro viribus curandi et etiam temporali eorum bono providendi).*

Sobre la legitimidad o ilegitimidad de la descendencia, las normas canónicas no se muestran menos rotundas: "Son legítimos los hijos concebidos o nacidos de todo matrimonio válido o putativo, a no ser que con anterioridad a contraerlo a alguno de los progenitores (por una solemne profesión religiosa o por haber recibido órdenes sagradas) les estuviera vedado, en el tiempo de la concepción, el uso del matrimonio" (canon 1.114: *Legitimi sunt filii concepti aut nati ex matrimonio valido vel putativo, nisi parentibus ob solemnem professionem religiosam vel susceptum ordinem sacrum prohibitus tempore conceptionis fuerit usus matrimonii antea contracti).*

Por si alguna duda quedara de la actitud decididamente favorable del Código Canónico en pro de la doble presunción de la parternidad legítima y de la filiación legítima, he aquí los dos párrafos constitutivos del canon que las enuncia: "I. Padre lo es aquel a quien avalan unas nupcias justas, salvo si se prueba lo contrario con argumentos evidentes. II. Se presume que son legítimos aquellos hijos, que ora han nacido seis meses después del día de la celebración del matrimonio, ora dentro de los diez meses después del día en que quedó disuelta la vida conyugal" (canon 1.115: *I. Pater is est quem iustae nuptiae demonstrant, nisi evidentibus argumentis contrarium probetur. II. Legitimi praesumuntur filii qui nati sunt saltem post sex menses a die celebrati matrimonii, vel intra decem menses a die dissolutae vitae coniugalis).*

El capítulo que nos ha venido ocupando concluye con dos cánones relativos a los hijos legitimados —cuyo análisis será abordado más adelante (apartado 8 de la parte 2.ª del presente libro)—, debido a lo cual, sin más preámbulos, veamos qué establece el Código Civil español al respecto.

12. Los derechos y obligaciones entre marido y mujer y el Código Civil

Artículo 56. **Los cónyuges están obligados a vivir juntos, guardarse fidelidad y socorrerse mutuamente.**

He aquí cómo se explicita en lo civil el llamado "mutuo auxilio" o *mutuum adiutorium* por los canonistas: en el bien entendido de que el abandono del domicilio conyugal, por cualquiera de los consortes, nunca excusa de tales deberes de convivencia superiores a la mera coexistencia (24 de mayo de 1915). Y conste que ventitantos siglos antes de que Heidegger hablara del "convivir" (en alemán *Mit-leben*, en griego *sydseen*), como superior al "coexistir" (en alemán *Mit-sein*, en griego *syneinai*), ya había hecho otro tanto nada menos que Aristóteles.

Artículo 57. **El marido debe proteger a la mujer y ésta obedecer al marido.**

Tras lo genérico o común del artículo anterior, en el presente se reglamenta lo diferencial o específico de cada consorte frente al otro, cifrándolo en la protección marital y en la obediencia mujeril: trátase de una norma de antañonas premisas romano-canónicas, pero con algunas excepciones en los tiempos modernos tan proclives a igualitarismos excesivos; y de ahí —por ejemplo— que la Constitución de la II República (con fecha 9 de diciembre de 1931 y en su artículo 43) viniera a anular este precepto, al proclamar la "igualdad absoluta" entre los sexos.

Artículo 58. **La mujer está obligada a seguir a su marido dondequiera que fije su residencia. Los tribunales, sin embargo, podrán con justa causa eximirla de esta obligación cuando el marido traslade su residencia a ultramar o a país extranjero.**

Al propósito indicado de posibles separaciones domiciliarias entre marido y mujer, repárese bien en que deberán ser autorizadas por algún tribunal: pues el pacto de separación entre ambos, sin intervención del tribunal competente, es tenido por nulo (31 de marzo de 1898).

Artículo 59. **El marido es el administrador de los bienes de la sociedad conyugal, salvo estipulación en contrario y lo dispuesto en el artículo 1.384. — Si fuere menor de dieciocho años, no podrá administrar sin el consentimiento de su padre; en defecto de éste, sin el de su madre; y a falta de ambos, sin el de su tutor. Tampoco podrá comparecer en juicio sin la asistencia de dichas personas. — En ningún caso, mientras no llegue a la mayor edad, podrá el marido sin el consentimiento de las personas mencionadas en el párrafo anterior, tomar dinero a préstamo, gravar ni enajenar los bienes reales.**

Por si algún lector se pregunta acerca del contenido del artículo invocado —supuesto que todo lo demás resulta bastante diáfano—, he aquí su texto: "La mujer tendrá la administración de los bienes parafernales, a no ser que los hubiera entregado al marido ante notario con intención de que los administre. — En este caso, el marido está obligado a constituir hipoteca por el valor de los muebles que recibiere o a asegurarlos en la forma establecida para los bienes dotales" (art. 1.384). En otras palabras, que los bienes extradotales o "parafernales" (voz de origen heleno, adicionadora de la preposición *para* o "extra" y del sustantivo *ferné* o "dote") son rodeados de garantías superiores a los bienes dotales.

Artículo 60. **El marido es el representante de su mujer. Esta no puede, sin su licencia, comparecer en juicio por sí o por medio de procurador. — No necesita, sin embargo, de esta licencia para defenderse en juicio criminal, ni para demandar o defenderse en los pleitos con su marido, o cuando hubiere obtenido habilitación conforme a lo que disponga la Ley de Enjuiciamiento Civil.**

Múltiples son las normas de la LEC o Ley de Enjuiciamiento Civil aquí implícitamente aludidas: en particular, los artículos 2, 9, 15, 64, 188, 583, 1.881, 1.897, 1.994

y 1.995. Y adviértase que, según repetidas sentencias del Tribunal Supremo, este precepto se aplica a todas las regiones forales y muy en especial a Cataluña (16 de mayo de 1905 y 19 de junio de 1906).

Artículo 61. **Tampoco puede la mujer, sin licencia o poder de su marido, adquirir por título oneroso ni lucrativo, enajenar sus bienes, ni obligarse sino en los casos y con las limitaciones establecidas por la Ley.**

Remontándonos en la historia y rememorando cómo en derecho romano clásico la mujer apenas podía decidir nunca nada por sí misma (pues necesitaba del concurso paterno si era soltera, del marital si casada y del varonil, a quien correspondiera según los casos, si viuda), innegable resulta que las legislaciones posteriores han ido igualando jurídicamente a ambos sexos: igualación iniciada en verdad por una de las más famosas *Novelas* de Justiniano —la *Novela* 114, al exigir en ciertos casos fianza entre marido y mujer, todavía aplicable en Cataluña como norma subsidiaria— y mediante trayectoria en cuyo seno, por méritos propios, destaca el catalanísimo *Código de las Costumbres de Tortosa* (el párrafo 1.° de la rúbrica 7.ª del libro IV alude a tal fianza).

Artículo 62. **Son nulos los actos ejecutados por la mujer contra lo dispuesto en los anteriores artículos, salvo cuando se trate de cosas que por su naturaleza estén destinadas al consumo ordinario de la familia, en cuyo caso las compras hechas por la mujer serán válidas. Las compras de joyas, muebles y objetos preciosos, hechas sin licencia del marido, sólo se convalidarán cuando éste hubiese consentido a su mujer el uso y disfrute de tales objetos.**

Resumiendo la criteriología aquí subyacente, cabría decir que las costumbres modernas han ido menguando mucho la concurrencia de las licencias maritales en los actos de las casadas y que, desde siempre, al faltar tales licencias los actos no eran propiamente nulos, sino sólo anulables (o bien, por el contrario, plenamente convalidables). Tanto es así que, según la fiscalía del Tribunal Supremo, la nulidad en tales hipótesis nunca se presume (resolución del 31 de mayo de 1895).

Artículo 63. **Podrá la mujer, sin licencia de su marido: 1.° Otorgar testamento. 2.° Ejercer los derechos y cumplir los deberes que le correspondan respecto a los hijos legítimos o naturales reconocidos que hubiesen tenido de otro y respecto a los bienes de los mismos.**

Por cuanto sobre el punto primero de este artículo ya me he extendido en otro libro mío (el rotulado *Testamentos y herencias*, perteneciente a la misma colección Libro Práctico que el presente), me limitaré aquí a glosar el segundo mediante la siguiente puntualización jurisprudencial: la patria potestad es perdida por las madres que pasan a segundas nupcias, a menos que lo autorizase el padre en testamento (20 de diciembre de 1892).

Artículo 64. **La mujer gozará de los honores de su marido, excepto los que fueren estricta y exclusivamente personales, y los conservará mientras no contraiga nuevo matrimonio.**

Por ejemplo: las casadas no sólo tienen derecho a llevar en vida el apellido de sus maridos, sino que conservan además tal derecho si enviudan, mientras no contraigan nuevo matrimonio (sentencia contencioso-administrativa de 19 de enero de 1914 y resolución de la fiscalía del Supremo de 25 de marzo de 1908).

Artículo 65. **Solamente el marido y sus herederos podrán reclamar la nulidad de los actos otorgados por la mujer sin licencia o autorización competente.**

Atendiendo al derecho comparado, resulta curioso advertir que el Código Civil francés (art. 225) posibilita reclamar esa nulidad ora a la misma mujer interesada —si bien la jurisprudencia exige la devolución de aquello en que se lucró y que no haya empleado dolo, o fraude, para inducir a los terceros a creer que no era casada—, ora a los acreedores de tal mujer y actuando en su nombre.

Artículo 66. **Lo establecido en esta sección se entiende sin perjuicio de lo dispuesto en el presente Código sobre ausencia, incapacidad, prodigalidad e interdicción civil.**

Con este precepto concluye esta sección y resulta obvio que simplemente se remite a otros apartados posteriores del propio Código: los relativos a ausentes (artículos 181-198), a incapaces (arts. 213-220), a pródigos (arts. 221-227) y a sometidos a interdicción (arts. 228-230).

13. Cuestiones prácticas sobre derechos y obligaciones entre cónyuges

Pregunta: El abandono del domicilio conyugal, ¿anula alguno de los deberes matrimoniales?

Respuesta: Todo lo contrario, lo que puede llegar a anular es alguno de sus derechos: por ejemplo, si es el marido el abandonante, le incapacita para querellarse luego por adulterio (27 de febrero de 1926); y si lo es la mujer, le priva de la acción para pedir alimentos al marido, si se mantiene por su voluntad separada y sin intervención judicial (17 de noviembre de 1916).

P.: ¿Hasta dónde deben llegar la protección marital y la obediencia mujeril, preceptivas dentro del matrimonio?

R.: Deben llegar hasta lo más extremo: por ejemplo, concurre la eximente de legítima defensa en el marido que causa a otro lesiones graves para defender el pudor de su mujer (30 de junio de 1927); y la negativa a satisfacer el "débito" matrimonial por parte de la esposa puede constituir, en el esposo que la mata, una atenuante de arrebato y obcecación (30 de junio de 1927).

P.: El depósito de la mujer casada por los tribunales, previsto en nuestra legislación para los casos de obligada separación domiciliaria entre los cónyuges, ¿se hace extensivo a las extranjeras?

R.: En principio, desde luego que sí (1 de julio de 1893): si bien no se debe decretar si los consortes de hecho viven ya separados, tanto si son extranjeros como españoles (21 de marzo de 1927).

P.: ¿Necesita la esposa licencia marital para litigar contra el marido?

R.: Desde luego que no, aun cuando litigue además contra alguna tercera persona (10 de marzo de 1930).

P.: La contratación de los cónyuges entre sí, ¿suele o no tener validez?

R: Es válida en términos generales (21 de febrero de 1900), si bien deja de serlo en casos particulares: verbigracia, cuando se pacta que el marido puede abandonar a su mujer, sin compensación ninguna (2 de abril de 1928).

P.: ¿Qué tipo de nulidad sobreviene a los actos realizados por la mujer sin licencia marital siendo ésta exigible?

R.: Se trata de una nulidad de simple derecho o *iuris tantum*, nunca de una nulidad de plenario derecho o *ipso iure*: es decir, por un lado está subordinada a que la pidan el marido o sus herederos, a tenor del propio Código (art. 65), mientras que por otro la mujer no deberá restituir lo comprado, a menos que el comprador pruebe que se lucró con ello (17 de octubre de 1916).

Sección 5.ª: EFECTOS DE LA NULIDAD MATRIMONIAL O DE LA SEPARACION PERSONAL DE LOS CONYUGES

14. Explicación general

La nueva sociedad familiar, con toda seguridad, halla en los problemas del capítulo acabado de iniciar uno de sus aspectos más controvertidos.

En principio, la disolución del matrimonio puede tener lugar ora por la muerte de algún cónyuge (y entonces, si ha concurrido ausencia dilatada en alguno de ellos, incide en esta problemática la llamada presunción o declaración de muerte), ora por el divorcio pleno o vincular en las naciones donde esté admitido (y en cuya sustitución España, de acuerdo con sus sucesivos Concordatos con Roma, ha reglamentado la denominada separación personal de los cónyuges).

Desde el punto de vista de sus causas, las nulidades matrimoniales pueden ser absolutas o relativas: las primeras pueden ser invocadas por cualquiera y las segundas sólo por personas determinadas.

Desde el punto de vista de los efectos, en cambio, tales nulidades pueden ser convalidables o no convalidables: aquéllas son las susceptibles de alguna forma de subsanación o confirmación y éstas las que vienen a excluirlas en absoluto.

Siguiendo a los civilistas Bonet Ramón y Castán Tobeñas, cabe asegurar lo siguiente: "Aunque por regla general el carácter absoluto y relativo coinciden con el no convalidable y el convalidable, existe alguna nulidad absoluta susceptible de convalidación en determinados casos, como la nacida del impedimento dirimente de edad."

Por cierto que, puestos a recordar la antañona discriminación entre "impedimentos dirimentes" o "de validez" e "impedimentos impedientes" o "de licitud", se impone reconocer —siguiendo al ilustre filósofo gallego don Angel Amor Ruibal— que todo impedimento, si es auténtico, es impediente (lo contrario sería un contrasentido), por lo cual resulta mucho mejor llamarlos con las otras designaciones invocadas: es decir, llamar "impedimentos de validez" aquellos que no pueden ser convalidados en ningún caso —por lo cual, en cierto sentido, "dirimen" o anulan el presunto matrimonio— y aquellos otros que sí pueden ser convalidados, mereciendo llamarse por ello "impedimentos de licitud" (ejemplos respectivos y de innegables resonancias literarias: el matrimonio entre hermanos y el matrimonio entre primos carnales).

Tras las precedentes explicaciones generales, y aplazando los pormenores para las glosas de los correspondientes artículos, llegado parece el momento de internarnos en el ulterior apartado.

15. Los efectos de la nulidad matrimonial o de la separación personal de los cónyuges y el Código Civil

Artículo 67. **La mujer que se proponga demandar la separación o nulidad de su matrimonio puede pedir que se le separe provisionalmente de su marido y que se le confíen, con igual carácter, los hijos menores de siete**

años, se le señale un domicilo y, si es menor de edad, la persona a cuya custodia haya de quedar, así como los auxilios económicos necesarios a cargo de su cónyuge, medidas que quedarán sin efecto si en los treinta días siguientes no se acreditara la interposición de la demanda, o en cuanto se justifique la inadmisión de ésta.

He aquí la nueva redacción impuesta al presente artículo por la Ley de 24 de abril de 1958 —la misma que ha modificado casi todos los ulteriores de esta "sección" y de las cinco inmediatas—, resultando de su conjunto un cierto "maternalismo" o acentuación del respaldamiento legal frente a las madres, algo que se pone en evidencia con sólo cotejar esas líneas con la primitiva redacción, concebida al siguiente tenor: "Los efectos civiles de las demandas y sentencias sobre nulidad de matrimonio y sobre divorcio sólo pueden obtenerse ante los tribunales ordinarios."

Artículo 68. **Admitidas las demandas de nulidad o de separación de matrimonio, el juez adoptará durante la sustanciación del proceso las medidas siguientes** (entre paréntesis, párrafo por párrafo, se irán señalando las redacciones primitivas de tales "medidas", cuando no coincidan con las actuales de la aludida Ley de 1958): **1.ª) Separar a los cónyuges en todo caso. — 2.ª) Determinar cuál de los cónyuges ha de continuar en el uso de la vivienda común, teniendo en cuenta ante todo el interés familiar más urgentemente necesitado de protección, así como las ropas, objetos y muebles que podrá llevar consigo el cónyuge que haya de salir de aquélla** (la redacción primitiva decía sólo, con menos detallismo y más formalísticamente: "Depositar la mujer en los casos y forma prevenidos en la Ley de Enjuiciamiento Civil"). — **3.ª) Fijar discrecionalmente en poder de cuál de los cónyuges han de quedar todos o alguno de los hijos, y quién de aquéllos ejercerá la patria potestad. En casos excep-**

cionales se podrán encomendar los hijos a otra persona o institución adecuada, que asumirá las funciones tutelares, correspondiendo las del protutor y consejo de familia a la autoridad judicial. El juez determinará el tiempo, modo y lugar en que el cónyuge apartado de los hijos podrá visitarlos y comunicar con ellos (la primitiva redacción se limitaba a decir, con márgenes de "discrecionalidad" visiblemente menor: "Poner los hijos al cuidado de uno de los cónyuges, o de los dos, según proceda"). — **4.ª) En cuanto al régimen económico matrimonial, se seguirán las siguientes reglas: El marido conservará la administración y disposición de sus bienes. — Se transferirá a la mujer la administración de los parafernales que hubiese entregado al marido, pero necesitará autorización judicial para los actos que excedan de la administración ordinaria. — Se mantendrá, en cuanto a los bienes dotales, el régimen anterior a la presentación de la demanda, salvo que el juez estime conveniente transferir a la mujer la administración de los bienes de la dote inestimada. — El juez, atendidas las circunstancias del caso, podrá excepcionalmente conferir a la mujer la administración de los bienes gananciales o de alguno de ellos. — Será necesaria licencia judicial para los actos que excedan de la mera administración de los gananciales, cualquiera que sea el cónyuge que los administre. — Se procederá con criterio análogo al señalado en esta regla cuarta cuando el régimen económico matrimonial sea distinto del de gananciales** (los siete parrafitos separados entre guiones de la presente "regla cuarta" constituyen una auténtica innovación de "excepcionalidad" aportada por la Ley de 1958 y sin nada similar en el primitivo Código de 1888, el cual por lo mismo incluía solamente cinco reglas al respecto y no seis como el presente). — **5.ª) Señalar alimentos a la mujer y, en su caso, al marido, así como a los hijos que no queden en poder del obligado a dar ali-**

mentos, sin que éste pueda optar por prestarlos en la propia casa (con menor "opcionalidad", el texto originario declaraba rotundamente: "Señalar alimentos a la mujer y a los hijos que no queden en poder del padre"). — **6.ª) Acordar, si procede, el abono de litis-expensas, determinando la cuantía y la persona obligada al pago** (con menor "procesalismo" y pormenorizando bastante más, véase cómo presentaba esta última regla el originario Código: "Dictar las medidas necesarias para evitar que el marido que hubiese dado causa al divorcio, o contra quien se dedujere la demanda de nulidad del matrimonio, perjudique a la mujer en la administración de sus bienes").

Detallismo, discrecionalidad, excepcionalidad, opcionalidad y procesalismo: tales son las cinco ideas cardinales a las que viene a ajustarse la nueva sociedad familiar estructurada por la repetidamente citada Ley de 1958, muy digna de contrastarse sobre todo con la legislación imperante en España entre 1931 y 1936, el quinquenio en que el divorcio vincular o plenario adquirió máximo auge (por obra de la Constitución de la II República española de 9 de diciembre de 1931 y de la subsiguiente "Ley del divorcio" de 2 de marzo de 1932, venturosamente derogadas en nuestra nación, tras la guerra civil iniciada en 1936); y de ahí que cada una de esas ideas haya quedado acogida en el paréntesis complementador del parrafito legal que mejor parece apuntarla.

Artículo 69. **El matrimonio contraído de buena fe produce efectos civiles, aunque sea declarado nulo. — Si ha intervenido buena fe de parte de uno solo de los cónyuges, surte únicamente efectos civiles respecto de él y de los hijos. — La buena fe se presume, si no consta lo contrario. — Si hubiere intervenido mala fe por parte de ambos cónyuges, el matrimonio sólo surtirá efectos civiles respecto de los hijos.**

Según el principio romanístico "cuanto es nulo no produce efecto ninguno" *(quod nullum est, nullum producit effectum)*, este artículo —el único de la presente "sección" que ha permanecido invariable desde su redacción originaria— debiera declarar nulos cualesquiera efectos de matrimonios nulos: sin embargo, en beneficio del contrayente de buena fe o *bonae fidei* —y en beneficio siempre, en cualquiera hipótesis, de la descendencia inocente de las culpas de cualquier progenitor— se le somete la posible concurrencia de efectos de mala fe o *malae fidei* por parte del otro contrayente, latiendo además aquí implícitamente el criterio fijado por el artículo 1.887 de la LEC (Ley de Enjuiciamiento Civil): "Si hubiere hijos del matrimonio, mandará el juez que queden en poder de la madre los que no tuvieren tres años cumplidos, y los que pasen de esta edad en el poder del padre, hasta que en el juicio correspondiente se decida lo que proceda." Todo ello, claro está, subordinado a las discriminaciones aducidas por las normas posteriormente inmediatas.

Artículo 70. **La ejecutoria de nulidad del matrimonio producirá los siguientes efectos** (siguen ahora cuatro supuestos diversamente redactados en 1958 y en 1888, por lo cual entre paréntesis se irán recogiendo las redacciones primitivas): **Los hijos mayores de siete años quedarán al cuidado del padre y las hijas al cuidado de la madre, si de parte de ambos cónyuges hubiese habido buena fe** (el criterio "septenario" aquí recogido, sin duda ninguna, resulta más acertado que el "trienial" de la primitiva redacción siguiente: "Quedarán los hijos varones mayores de tres años al cuidado del padre y las hijas al cuidado de la madre, si de parte de ambos cónyuges hubiese habido buena fe"). — **Si la buena fe hubiese estado de parte de uno solo de los cónyuges, quedarán bajo**

su poder y cuidado los hijos de ambos sexos. — Si la mala fe fuere de ambos, el tribunal resolverá sobre la suerte de los hijos en la forma que dispone el párrafo segundo del número segundo del artículo 73 (esta doble hipótesis, constitutiva del núcleo central inalterado del presente artículo, apunta a ojos vistas hacia la ulterior consecuencia de que "el juez discrecionalmente podrá proveer de tutor a los hijos" según se prevé en el artículo 73 para el caso de indignidad en ambos progenitores). — **Los hijos e hijas menores de siete años estarán, hasta que cumplan esta edad, al cuidado de la madre. Sin embargo de lo establecido en estas normas, si el tribunal que conoció de la nulidad del matrimonio hubiese por motivos especiales proveído en su sentencia acerca del cuidado de los hijos, deberá estarse en todo caso a lo decretado por él. Por análogos motivos, y en lo que no haya dispuesto la sentencia de nulidad, el juez que haya de ejecutarla podrá también aplicar su criterio discrecional según las particularidades del caso** (este final del artículo que nos ocupa, bajo el visible signo del principio del "particularismo", contrasta con la redacción mucho más genérica del texto primitivo, y que decía así: "Los hijos e hijas menores de tres años estarán en todo caso, hasta que cumplan esta edad, al cuidado de la madre, a no ser que por motivos especiales dispusiere otra cosa la sentencia").

Como glosas generales frente a la extensa norma acabada de transcribir —amén de las especiales de los sucesivos paréntesis—, interesa subrayar dos cosas: de un lado, que la elevación de la edad de los niños confiables a las madres desde los 3 hasta los 7 años está completamente de acuerdo con los recientes avances de la psicología infantil (al respecto, podrían verse los excelentes estudios del profesor Juan Rof Carballo); y de otro, que tuvo mucha razón el profesor J. Rimblas Rimblas al escribir —comentando estos preceptos— que "la ejecutoria de nulidad, al romper el vínculo, convierte en definitiva la separación de los cónyuges".

Artículo 71. **Lo dispuesto en los párrafos primero y segundo del artículo anterior no tendrá lugar si los padres, de común acuerdo, proveyeren de otro modo al cuidado de los hijos, dejando siempre a salvo lo establecido en los dos últimos párrafos del mismo artículo.**

Este precepto coincide en su inicio con el homólogo de 1888, si bien desde 1958 se ha añadido su frase última "dejando siempre a salvo lo establecido en los dos últimos párrafos del mismo artículo": adición tendente sin duda a robustecer muy certeramente la discrecionalidad de los jueces y tribunales en estas materias, según la procurara nuestro Supremo mediante precedentes sentencias jurisprudenciales (por ejemplo, la fechada el 3 de setiembre de 1908).

Artículo 72. **La sentencia firme de nulidad producirá, respecto de los bienes del matrimonio, los mismos efectos que la disolución por muerte, pero el cónyuge que hubiere obrado de mala fe no tendrá derecho a los gananciales. — Si la mala fe se extendiera a ambos, quedará compensada.**

La única novedad de la presente redacción de 1958 y que contrasta con la precedente de 1888 es ésta: ahora se habla de "sentencia firme de nulidad", para mayores garantías, mientras entonces se hablaba simplemente de "ejecutoria de nulidad". Por lo demás, esta norma civil viene a ser una excepción frente a la norma penológica que rechaza cualquier compensación de responsabilidades y repetidamente declarada por nuestro Tribunal Supremo *(passim)*.

Artículo 73. **La ejecutoria de separación producirá los siguientes efectos** (tales efectos eran atribuidos, por la redacción primitiva, a "la sentencia de divorcio" y su detalle varía en diversos aspectos, según puntualizarán una vez más sucesivos paréntesis): **1.º) La separación de los cónyuges** (esta separación, invocada con frase idéntica por las dos redacciones que nos ocupan, es decrita por el Código de Derecho Canónico como de eficacia triple: separación de lecho o *separatio tori*, separación de mesa o *separatio mensae* y separación de residencia o *separatio habitationis).* — **2.º) Quedar o ser puestos los hijos bajo la potestad y protección del cónyuge inocente. — Si ambos fueran culpables, el juez discrecionalmente podrá proveer de tutor a los hijos, conforme a las disposiciones de este Código. Esto no obstante, si al juzgarse sobre la separación no se hubiere dispuesto otra cosa, la madre tendrá a su cuidado en todo caso a los hijos menores de siete años. — A la muerte del cónyuge inocente volverá el culpable a recobrar la patria potestad y sus derechos, si la causa que dio origen a la separación no afectare a la formación moral de los hijos. En otro caso, se les proveerá de tutor. La privación de la patria potestad y de sus derechos no exime al cónyuge culpable del cumplimiento de las obligaciones que este Código le impone respecto a sus hijos** (aquí acababa la originaria redacción, a la que se han añadido desde 1958 los dos párrafos que subseguirán tras este paréntesis y en cuyo seno procederá insistir sobre tres novedades: primeramente, la insistencia en la discrecionalidad; paralelamente, la elevación hasta "siete" de los originarios "tres" años; y finalmente, el mejoramiento de la condición "si la causa que dio origen al divorcio hubiese sido el adulterio, los malos tratamientos de obra o las injurias graves", fórmula sin duda muy inferior a la invocadora de la "formación moral" antes destacada. — **Sin embargo de** lo anteriormente establecido, si al juzgarse sobre la separación se hubiera por motivos especiales proveído acerca del cuidado de los hijos, deberá estarse en todo caso a lo decretado. — Por análogos motivos, en lo que no se haya proveído, el juez encargado de la ejecución podrá también aplicar su «criterio discrecional», según las particularidades del caso (motivos especiales y criterios discrecionales: he aquí las dos plausibles ideas que vienen a encarnar los ejes de estos dos párrafos adicionados, obvios en sí mismos, por lo cual procederá seguir hacia delante). — 3.º) Perder el cónyuge culpable todo lo que hubiese sido dado o prometido por el inocente o por otra persona, en consideración a éste, y conservar el inocente todo cuanto hubiese recibido del culpable, pudiendo además reclamar desde luego lo que éste le hubiera prometido (este efecto 3.º, dentro del presente artículo, no ha variado tampoco desde 1888 hasta 1958). — 4.º) La separación de los bienes de la sociedad conyugal, «teniendo cáda uno el dominio y administración de los que le correspondan» (este efecto 4.º, descrito en su comienzo por igual en ambas redacciones, decía, en lo demás, así: "y la pérdida de la administración de los de la mujer, si la tuviere el marido y si fuere quien hubiese dado causa al divorcio"). — 5.º La conservación por parte del cónyuge inocente y pérdida por el culpable del derecho a los alimentos (la redacción originaria de este efecto 5.º, bastante diversa, preceptuaba así: "La conservación por parte del marido inocente, de la administración si la tuviere de los bienes de la mujer, la cual solamente tendrá derecho a alimentos"). — 6.º) El cónyuge inocente, el tutor de los hijos o el ministerio fiscal podrán pedir hipoteca legal suficiente sobre los bienes del culpable, retención de sueldos y salarios, depósito de valores y cuantas medidas cautelares sean necesarias para que pueda cumplirse lo estatuido en el párrafo segundo del artículo

1.434 (este efecto 6.° y último es completamente nuevo desde 1958, ya que el texto de 1888 incluía sólo cinco efectos, viniendo a especificar el cumplimiento en ese orden del párrafo final del artículo 1.434, y que desde siempre proclama: "El marido y la mujer deberán atender recíprocamente a su sostenimiento durante la separación y al sostenimiento de los hijos, así como a la educación de éstos, todo en proporción de sus respectivos bienes").

Junto a las discrepancias inventariadas en los paréntesis complementarios de los distintos párrafos, como glosa genérica interesa destacar aquí los ecos que la redacción de 1958 presenta de las modernas tendencias igualadoras de los sexos humanos dentro del matrimonio, en contraste con el superior discriminacionismo latente en el texto de 1888.

Artículo 74. **La reconciliación pone término al procedimiento de separación y deja sin efecto ulterior lo en él resuelto; pero los cónyuges deberán poner aquélla en conocimiento del tribunal que entienda o haya entendido en el litigio** (en el texto de 1888, en vez de "procedimiento de separación" leíase "juicio de divorcio" y en lugar de "lo en él resuelto" leíase "la sentencia dictada en él": doble sustitución impuesta por la nueva terminología aplicada a la actual sociedad familiar española). — **Sin perjuicio de lo dispuesto en el párrafo anterior, subsistirán en cuanto a los hijos los efectos de la separación cuando ésta se funde en el conato o la connivencia del marido, o de la mujer, para corromper a sus hijos o prostituir a sus hijas: caso en el que, si aún los unos y las otras están bajo la patria potestad, los tribunales adoptarán las medidas convenientes para preservarlos de la corrupción o prostitución** (por exigencias terminológicas, similares a las invocadas en el anterior paréntesis, así como desde 1958 háblase de "efectos de la separación" el texto de 1888 hablaba en cambio de "efectos de la sentencia").

Este artículo, referente a posibles reconciliaciones entre cónyuges, guarda relación con otro posterior que bien puede servirle de comentario y que es el siguiente (artículo 1.439): "Cuando cesare la separación por la reconciliación en caso de separación personal, o por haber desaparecido la causa en los demás casos, volverán a regirse los bienes del matrimonio por las mismas reglas que antes de la separación, sin perjuicio de lo que durante ésta se hubiese ejecutado legalmente. — Al tiempo de reunirse harán constar los cónyuges, por escritura pública, los bienes que nuevamente aporten; y éstos serán los que constituyan, respectivamente, el capital propio de cada uno. — En el caso de este artículo se reputará siempre nueva aportación la de todos los bienes, aunque en parte o en todo sean los mismos existentes antes de la liquidación practicada por causa de la separación."

16. Cuestiones prácticas sobre los efectos de la nulidad matrimonial o de la separación personal de los cónyuges

Pregunta: ¿Qué finalidad especial persigue la minuciosa regulación de la separación de los cónyuges?

Respuesta: Según el Tribunal Supremo, tiene por objeto evitar que la mujer continúe sometida a la convivencia y autoridad del marido, sobre todo después de haber ejercitado contra él la acción de nulidad total o parcial del matrimonio (21 de octubre de 1925).

P.: Durante la tramitación de nulidades o separaciones matrimoniales, ¿continúa habiendo algún domicilio calificable como conyugal?

R.: El domicilio del marido continúa siendo el conyugal, sin que proceda la acción de desahucio intentada por la mujer propietaria del inmueble, a base de su calificación como parafernal (6 de julio de 1901).

P.: Comparando las normas sobre cuidado de hijos de la Ley de Enjuiciamiento Civil y de nuestro Código, ¿cuáles resultan más certeras?

R.: Con toda seguridad, las del Código Civil: por cuanto permiten alterar, por causas sobrevenidas entre los cónyuges y que impidan a éstos realizar los distintos fines inherentes a la unidad de la vida matrimonial, el criterio genérico que sobre distribución de hijos se recoge en tal ley y antes reproducido (26 junio 1916).

P.: ¿Puede pedir alimentos cualquier consorte inocente frente a una separación o nulidad, convirtiéndose así él mismo en alimentario y convirtiendo a su oponente en alimentista?

R.: Claro que no, en absoluto: el que los pide ha de justificar además que los necesita, no bastando para ello que se coloque en un estado de insolvencia total o parcial (9 de febrero de 1915).

P.: ¿Es definitivo el auto judicial que nombra un coadministrador para que, junto con el marido, administre los bienes de una esposa separada del mismo?

R.: Tales medidas son siempre de carácter provisional, al prudente arbitrio de los tribunales; y son además de carácter eventual, porque pueden ser modificadas según las circunstancias (6 de marzo de 1920).

P.: Las demandas de nulidad, o de separación —o incluso de divorcio, durante el quinquenio de 1931 a 1936 en que las leyes españolas lo autorizaron—, ¿deben interpretarse como anotables o como no anotables en el correspondiente Registro Civil?

R.: Las oportunas anotaciones en el Registro Civil, ante los casos invocados, es no sólo posible sino incluso preceptiva (resolución de la fiscalía del Tribunal Supremo de 15 de abril de 1926).

Sección 6.ª: EL MATRIMONIO CANONICO

17. Explicación general

Remontándonos en la historia, fue el famoso Concilio de Trento el que unificó para la Iglesia Católica las normas relativas al matrimonio canónico, mediante reglas que el monarca español Felipe II hizo extensivas a todos sus reinos mediante la Real Cédula de 12 de julio de 1564 (en particular, los preceptos de su Sesión XXIV).

Con posterioridad, ha sido el Código de Derecho Canónico (promulgado en 1917, bajo el pontificado de Benedicto XV, y hoy en avanzado estado de revisión) el que renovó tales normas para adaptarlas a las exigencias del siglo xx, aun cuando manteniéndolas en lo sustancial.

Entre ambos cuerpos normativos, dos textos pontificios merecen ya el sobrenombre de clásicos, en tanto que relativos a los matrimonios canónicos: la constitución *Magna Nobis* de Benedicto XIV y el decreto *Ne temere* de Pío X.

En tiempos recientes, aparte de las luminosas directrices emanadas del Concilio Vaticano II, interesa también destacar otros dos documentos pontificios: la encíclica *Matrimonios castos (Casti connubii)* de Pío XI y la mucho más reciente —a la par que mucho más discutida— *Vidas humanas (Humanae vitae)* de Paulo VI.

Pasando de lo histórico a lo normativo, interesa destacar que los ocho artículos que el Código Civil ha consagrado al matrimonio canónico (del 75 al 83) ofrecen dos redacciones —la de 1888 y la de 1958— que serán contrastadas, al igual que en las secciones precedentes, tanto en lo concerniente a los llamados matrimonios excepcionales (el contraído *in articulo mortis* y el de conciencia) como en lo referente a los matrimonios comunes.

Los requisitos canónicos, con anterioridad a la celebración del acto matrimonial, se reducen a tres: el expediente de libertad (lo instruye el párroco para saber si hay algo que obste al sacramento y exigir la partida de bautismo), la licencia del diocesano (necesaria solamente en los casos de vagos o de dispensas de las proclamas) y las proclamas (hechas por los párrocos propios de los dos contrayentes, durante tres domingos o fiestas de precepto seguidas, pudiendo también hacerse por escrito si lo autoriza el ordinario).

Paralelamente, los requisitos concurrentes en el acto matrimonial son otros tres: la capacidad legal (o sea, la ausencia de impedimentos, que serán indicados a propósito del matrimonio civil), el consentimiento de los contrayentes (ha de ser expreso y personalmente prestado, o mediante intérprete, o mediante poderes especiales, siempre sin miedo, ni violencia, ni error en la persona) y la forma de la celebración (presencia de dos testigos cuando menos, concurrencia del párroco de la esposa u otro sacerdote delegado al efecto, etc.).

Tras las anteriores puntualizaciones y en visión de síntesis, cabe concluir el presente apartado con una definición elaborada por uno de los más ilustres canonistas de nuestra centuria, el profesor A. Knecht (en su libro *Derecho matrimonial católico*, traducido por Gómez Piñán); según tal definición, matrimonio canónico es "la unión legal, elevada por Cristo a sacramento, de un hombre y una mujer para la comunidad de vida recíproca y perpetua, espiritual y corporal".

18. El matrimonio canónico y el Código Civil

Artículo 75. **El matrimonio canónico, en cuanto se refiere a su constitución y validez y, en general, a su reglamentación jurídica, se regirá por las disposiciones de la Iglesia Católica.**

Contrastando con esta sobria fórmula de 1958, he aquí la primitiva de 1888 —mucho más "solemnizadora" y más "tridentina"—: "Los requisitos, forma y solemnidades para la celebración del matrimonio canónico se rigen por las disposiciones de la Iglesia Católica y del Santo Concilio de Trento, admitidas como leyes del Reino". (¿No convendría, por cierto, recordar que desde 1966 nuestra España vuelve a ser un Reino?)

Artículo 76. **El matrimonio celebrado según las normas del derecho canónico produce, desde su celebración, plenos efectos civiles. — Para que éstos sean reconocidos, bastará con la inscripción del matrimonio correspondiente en el Registro Civil. — Cuando la inscripción se solicite una vez transcurridos cinco días desde la celebración, no perjudicará los derechos legítimamente adquiridos por terceras personas.**

En esta ocasión, frente al detallismo de esta fórmula de 1958, la sobriedad fue bastante mayor en 1888: "El matrimonio canónico producirá todos los efectos civiles respecto de las personas y bienes de los cónyuges y sus descendientes" (amén de urgirse la rapidez, según parece impuesto por el vivir moderno, ¿no convendría también insistir nuevamente acerca de "los hijos" para su cabal protección?)

Artículo 77. **Están obligados a promover la inscripción del matrimonio en el Registro Civil los propios contrayentes. A este fin pondrán por escrito en conocimiento del juez encargado del Registro competente, con veinticuatro horas de anticipación, por lo menos, el día, hora y lugar del acto. El juez encargado dará recibo de dicho aviso y asistirá por sí o por delegado a la celebración del matrimonio canónico al solo efecto de verificar la inmediata inscripción en el Registro Civil. — Si el matrimonio se celebrase sin la asistencia del juez encargado, a pesar de haber dado el aviso los contrayentes, se hará a costa de aquél la inscripción del matrimonio. — En todo caso, y sin perjuicio de las sanciones en que incurran por su culpa o negligencia los particulares y funcionarios obligados a promover o practicar la inscripción del matrimonio canónico, ésta podrá hacerse en cualquier momento, aun fallecidos los contrayentes, a petición de cualquier interesado y mediante copia auténtica del acta sacramental o de certificación eclesiástica acreditativa del matrimonio. — La inscripción en el Registro deberá ser comunicada al párroco.**

Los cuatro parrafitos de este artículo —separados con sus correspondientes guiones— se nos aparecen bajo el signo de la "incomplejidad" característica de la invocada Ley de 1958, sobre todo si se los compara con sus predecesores en el Código de 1888, que fueron los siguientes: "Al acto de la celebración del matrimonio canónico asistirá el juez municipal, u otro funcionario del Estado, con el solo fin de verificar la inmediata inscripción en el Registro Civil. Con este objeto, los contrayentes están obligados a poner por escrito en conocimiento del Juzgado Municipal respectivo, con veinticuatro horas de anticipación por lo menos, el día, hora y sitio en que deberá celebrarse el matrimonio, *incurriendo si no lo hicieren en una multa* de 5 a 80 pesetas. El juez municipal dará recibo del aviso de los contrayentes. Si se negare a darlo, *incurrirá en una multa* que no bajará de 20 pesetas, ni excederá de 100. — No se procederá a la celebración del matrimonio canónico sin la *presentación de dicho recibo al cura párroco.* — Si el matrimonio se celebrase sin la concurrencia del juez municipal o su delegado, a pesar de haberle avisado los contrayentes, se hará a costa de aquél la transcripción de la partida del matrimonio canónico en el Registro Civil, *pagando además una multa* que no bajará de 20 pesetas ni excederá de 100. En este caso, el matrimonio producirá todos sus efectos civiles *desde el instante de su celebración.* — Si la culpa fuere de los contrayentes, por no haber dado aviso al juez municipal, podrán aquéllos subsanar la falta solicitando la inscripción del matrimonio en el Registro Civil. En este caso, no producirá efectos civiles el matrimonio sino *desde su inscripción*" (junto a la antes subrayada "incomplejidad" lograda con las innovaciones, felicitémonos de que hayan desaparecido formalismos como los subrayados: desde las "multas" penológicas, a todas luces improcedentes en el terreno civil, hasta las previas "presentaciones" casi nunca conseguibles o los inoportunos distingos en torno al momento "desde el cual" el matrimonio logra sus efectos).

Artículo 78. **Los que contrajeren matrimonio canónico «in articulo mortis» podrán dar aviso al encargado del Registro Civil, en cualquier instante anterior a la celebración y acreditar de cualquier manera que cumplieron este deber. — Las sanciones impuestas a los contrayentes que omitieren aquel requisito no serán apli-**

cables al caso del matrimonio «in articulo mortis» cuando conste que fue imposible dar oportunamente aviso.

El matrimonio excepcional "en peligro de muerte", a tenor de esta norma, reviste dos subespecies según haya o no mediado aviso previo al encargado del Registro Civil. Y como la redacción de 1958 coincide en lo sustancial con la de 1888, procederá aquí simplemente felicitarse de que haya desaparecido el parrafito postrero de la redacción originaria, el cual era el siguiente: "En todo caso, para que el matrimonio produzca efectos civiles desde la fecha de su celebración, la partida sacramental deber ser inscrita en el Registro dentro de los *diez días* siguientes" (aquí algunos objetaban: ¿por qué diez días y no cinco, o bien veinte, o bien cualquier otro plazo?)

Artículo 79. **El matrimonio secreto de conciencia celebrado ante la Iglesia no está sometido a lo dispuesto en el artículo 77. — Para los efectos civiles, basta su inscripción en el Registro especial que se lleva en la Dirección General de los Registros, pero no perjudicará los derechos adquiridos legítimamente por terceras personas, sino desde su publicación en el Registro Civil correspondiente, la cual se practicará a petición de los cónyuges de común acuerdo, del sobreviviente si el otro hubiere fallecido o del ordinario en los casos en que cesa para él la obligación canónica del secreto.**

Este segundo matrimonio excepcional o "de conciencia" es típicamente canónico (el Código Eclesiástico le consagra cuatro cánones, del 1.104 al 1.107, que evidencian su humano propósito de legitimar descendencias no demasiado claras en sus orígenes) y ante el mismo la transcrita regulación de 1958 se nos ofrece cual muy superior respecto de la originaria de 1888, que decía: "El matrimonio secreto de conciencia celebrado ante la Iglesia *no está sujeto a ninguna formalidad en el orden civil*, ni producirá *efectos civiles sino desde que se publique mediante su inscripción en el Registro* (¿acaso no venían a contradecirse estas dos normas subrayadas, mediante contradicción por fortuna desaparecida en el nuevo texto?). — Este matrimonio producirá sin embargo efectos civiles desde su celebración si ambos contrayentes, de común acuerdo, solicitaren del *obispo* que lo haya autorizado un traslado de la partida consignada en el registro secreto del obispado y la remitieren directamente y con la conveniente reserva a la Dirección General del Registro Civil, solicitando su inscripción. Al efecto, la Dirección General llevará un registro especial y secreto con las precauciones necesarias para que no se conozca el contenido de estas inscripciones hasta que los interesados soliciten darles publicidad, trasladándolas al Registro Municipal de su domicilio" (aparte de otras mejoras plausibles, repárase en el acierto de sustituir la voz "obispo" por la de "ordinario": la cual sin duda es más amplia, pues puede incluir a arzobispos, administradores apostólicos, etc.).

Artículo 80. **El conocimiento de las causas sobre nulidad y separación de los matrimonios canónicos, sobre dispensa del matrimonio rato y no consumado, y sobre uso y significación del Privilegio Paulino, corresponde exclusivamente a la jurisdicción eclesiástica, conforme al procedimiento canónico, y sus sentencias y resoluciones firmes tendrán eficacia en el orden civil, a tenor del artículo 82.**

Habiéndonos ya ocupado con anterioridad ora del matrimonio rato y no consumado, ora del Privilegio Paulino (apartados 2 y 7), dada la creciente frecuencia en la proyección humana de esas instituciones, oportunísimo parece que hayan hallado eco en el presente capítulo desde 1958, y contrastando con la originaria redacción del Código de 1888, donde se leía escuetamente en este artículo: "El conocimiento de los pleitos sobre nulidad y divorcio de los matrimonios canónicos corresponde a los tribunales eclesiásticos" (adviértase asimismo que ahora se habla de "jurisdicción" y antes de "tribunales", siendo lo primero aconsejablemente más amplio que lo segundo).

Artículo 81. **Incoada ante la jurisdicción eclesiástica una demanda de nulidad o de separación de matrimonio, corresponde a la jurisdicción civil dictar, a instancia de la parte interesada, las disposiciones referidas en el artículo 68.**

Leyendo "tribunal eclesiástico" o "tribunal civil" en los lugares en que se invoca a las correspondientes jurisdicciones —y leyendo "demanda de divorcio o de nulidad de matrimonio" en lugar de la frase "demanda de nulidad o de separación de matrimonio"—, puede cualquier lector reconstruir, a partir de la reproducida fórmula de 1958, su predecesora de 1888 y poseedora sin duda de menor "canonismo".

Artículo 82. **La jurisdicción civil promoverá la inscripción y ejecutará en todo lo demás relativo a efectos civiles las sentencias y resoluciones firmes dictadas por la jurisdicción eclesiástica sobre nulidad o separación de matrimonio canónico rato no consumado o aplicación del Privilegio Paulino. La ejecución se llevará a cabo en virtud de comunicación canónica de las sentencias o resoluciones, o a instancia de quien tenga interés legítimo y presente el oportuno testimonio.**

Al igual que ante el artículo 80 —con cuyo contenido viene a coincidir el presente por la doble referencia al Privilegio Paulino y al matrimonio rato no consumado—, se impone reconocer que la nueva redacción de 1958 resulta más sustanciosa que la antecedente de 1888, la cual se limitaba a preceptuar: "La sentencia firme de nulidad o divorcio del matrimonio canónico se inscribirá en el Registro Civil, y se presentará al tribunal ordinario para solicitar su ejecución en la parte relativa a los efectos civiles".

Y con este cotejo bien puede darse por concluido el apartado previo a las inmediatas cuestiones prácticas.

19. Cuestiones prácticas sobre el matrimonio canónico

Pregunta: La falta de inscripción de un matrimonio canónico en el Registro Civil, ¿anula los efectos civiles de que habla el artículo 76 del Código?

Respuesta: Según la fiscalía del Tribunal Supremo, ni los anula ni invalida el propio matrimonio (resolución de 23 de marzo de 1892). Es más, repetidas reales órdenes —la de 9 de febrero de 1875, la de 29 de enero de 1895 y la de 23 de febrero de 1903— aceptan como legítima a la descendencia en tales casos.

P.: El lugar de la firma de las actas matrimoniales de un matrimonio canónico, ¿cuál debe ser, de acuerdo con el artículo 77 del Código?

R.: Según otra resolución de la propia fiscalía, corresponde firmarlas en la sacristía u otro sitio adecuado de la iglesia (17 de junio de 1889).

P.: Las partidas sacramentales de matrimonios *in articulo mortis* reguladas en el artículo 78 del Código, ¿cuándo empiezan a producir efectos civiles?

R.: Según una tercera resolución de la invocada fiscalía, son transcribibles en el Registro Civil incluso después de los diez días de su celebración (el plazo exigido por la primitiva redacción de tal artículo), pero no producen efectos civiles hasta que se transcriben (17 de julio de 1915).

P.: El matrimonio secreto de conciencia, reglamentado en el artículo 79 del Código, ¿puede ser registrado a petición de cualquiera de los contrayentes?

R.: No en verdad, pues si así fuera no quedaría protegido su "secreto": por el contrario, según el Tribunal Supremo no se puede efectuar la inscripción mientras no la soliciten los dos cónyuges (28 de junio de 1928).

P.: ¿Qué especie de firmeza cabe atribuir a los fallos de la jurisdicción eclesiástica, antes de ser respaldados por la jurisdicción civil, según lo preceptuado en el artículo 80 del Código?

R.: Tales fallos poseen una firmeza que es declarada en sus propios enunciados, interviniendo sólo en sus ejecuciones la jurisdicción ordinaria para los efectos civiles (28 de setiembre de 1912 y 7 de noviembre de 1921).

P.: ¿Cuál es el procedimiento para la ejecución de un fallo eclesiástico, en cuanto a los efectos civiles, de acuerdo con lo reglamentado en el artículo 82 del Código?

R.: No precisa seguir ningún procedimiento contencioso, sino que basta presentar la sentencia o documento auténtico en que conste inscrito y resulte ser firme, solicitando la ejecución (21 de noviembre de 1916 y 7 de noviembre de 1921).

Sección 7.ª: LA CAPACIDAD DE LOS CONTRAYENTES DEL MATRIMONIO CIVIL

20. Explicación general

Mientras el Código de Derecho Canónico dedica a los impedimentos matrimoniales veinticuatro extensas normas (cánones 1.058 a 1.080), el Código Civil español aborda tal materia en tres únicos preceptos (arts. 83 a 85), que son los englobados precisamente en la presente "sección".

Ello nos eximirá de entrar en paralelismos detallados entre una y otra reglamentación, limitándonos al respecto a hacer nuestra la siguiente apostilla del profesor J. Rimblas Rimblas: "Existen algunas diferencias entre la doctrina del Código acerca de los impedimentos **dirimentes del matrimonio civil (genuinos «impedimentos de validez» según antes ya se puntualizó** y que son realmente los que cuentan, pues los impedientes o de licitud resultan dispensables o convalidables sin excepción: voto de virginidad, diversidad de religión, parentesco canónico, etc.)... y la del canónico de Benedicto XV, especialmente en cuanto a la edad y parentesco".

En otras palabras, para que exista capacidad en determinados contrayentes del matrimonio civil, se exige una de estas dos cosas: que no concurra en ellos ninguno de los impedimentos que luego se detallarán (artículos 83 y 84 del Código), o que haya mediado la suficiente dispensa de tales impedimentos en los casos en que sea posible.

Por cierto que, hablando de dispensas y siguiendo al ilustre matrimonialista profesor Francisco Gómez del Campillo, cabe establecer entre las mismas las ocho discriminaciones siguientes:

1.ª) Por su finalidad: según sean "para contraer matrimonio" o bien "para revalidar un matrimonio ya contraído" (¡si esta página cae en manos de algún mal estudiante, acaso se sorprenda de que hasta los matrimonios mal contraídos puedan revalidar, pero así es la vida!).

2.ª) Por su aplicación: según se hagan públicas y "para el fuero externo" o se mantengan en reserva y "para el fuero interno".

3.ª) Por su origen: según las concedan las autoridades eclesiásticas ("pontificias, episcopales, sacerdotales") o las seculares (artículo 85 del Código Civil).

4.ª) Por su formalidad "graciosa" o "comisoria": según que se ejecute directamente por el autor de la misma o se someta a otros su ejecución.

5.ª) Por su procesalidad: según que los peticionarios pertenezcan a los estamentos nobiliarios *(forma nobilium)*, a la gente común *(forma communium)* o a los estratos pobres *(forma pauperum)* de las sociedades humanas (por cierto que, en España, el primer grupo atraviesa nuestra historia con harta abundancia: a partir de la *sanatio in radice* o dispensación absoluta concedida por el papa Bonifacio VIII a las nupcias contraídas entre los reyes María de Molina y Sancho IV de Castilla, tras haber muerto éste y pese a ser próximos parientes).

6.ª) Por su rareza: según que "de hecho nunca se

conceden" unas, mientras otras "no suelen concederse" y mientras las de más allá son "dispensas que con más o menos frecuencia y siguiendo las reglas establecidas suelen concederse".

7.ª) Por su fundamento: las dispensas se agrupan en "debidas" o imperadas, "permitidas" u optativas y "prohibidas" o vedadas (ejemplos respectivos, según parentescos: matrimonio entre primos lejanos, o entre primos carnales, o entre hermanos).

8.ª) Por su gradación: las dispensas se agrupan en "mayores" y "menores", que vienen a coincidir respectivamente —cuando de parentescos se trata— con las "permitidas" y las "debidas", respectivamente.

Y sin más preámbulos, pasemos ya a los preceptos concretos.

21. La capacidad de los contrayentes del matrimonio y el Código Civil

Artículo 83. No pueden contraer matrimonio: 1.º Los varones menores de catorce años y las hembras menores de doce también cumplidos. — Se tendrá no obstante por convalidado «ipso facto» y sin necesidad de declaración expresa, el matrimonio contraído por impúberes, si un día después de haber llegado a la pubertad legal hubiesen vivido juntos sin haber reclamado en juicio contra su validez, o si la mujer hubiera concebido antes de la pubertad legal o de haberse entablado reclamación. — 2.º Los que no estuvieren en el pleno ejercicio de su razón al tiempo de contraer matrimonio. — 3.º Los que adolecieren de impotencia física, absoluta o relativa, para la procreación con anterioridad a la celebración del matrimonio, de una manera patente, perpetua e incurable. — 4.º Los ordenados «in sacris» y los profesos en una orden religiosa canónica-

mente aprobada, ligados con voto solemne de castidad, a no ser que unos y otros hayan obtenido la correspondiente dispensa canónica. — 5.º Los que se hallen ligados con vínculo matrimonial.

Unas breves glosas aclararán los precedentes conceptos: *a)* En cuanto a la edad, el Código Canónico la eleva a dieciséis años para los varones y a catorce para las mujeres (canon 1.067); *b)* En cuanto al ejercicio de la razón, acéptase desde antiguo que hasta el más loco puede casarse "en intervalo lúcido"; *c)* En cuanto a la impotencia, no debe confundírsele con la esterilidad, ya que ésta es relativa o con respecto a persona determinada y aquélla en cambio absoluta; *d)* En cuanto a los ordenados, habrá que atenerse también a lo establecido por el Código Canónico (cánones 1.058 y siguientes); *e)* En cuanto a la bigamia, atiéndase especialmente a lo regulado por el Código Penal (arts. 471-479). Y conste que, para mayor claridad, en el inmediato artículo se irán introduciendo las glosas a los párrafos mediante sucesivos paréntesis.

Artículo 84. **Tampoco pueden contraer matrimonio entre sí: 1.º Los ascendientes y descendientes por consanguinidad o afinidad legítima o natural** (recuérdense las múltiples «tragedias literarias» originadas por ese tipo de parentescos, desde el *Edipo Rey* de Sófocles hasta *La malquerida* de Benavente). — **2.º Los colaterales por consanguinidad legítima hasta el cuarto grado** (recuérdese que son parientes de primer grado padres e hijos, de segundo grado los hermanos, de tercero los tíos carnales y sus sobrinos, de cuarto los primos carnales y que, a partir de ahí, no se precisan ya dispensas ni canónicas ni civiles para casarse). — **3.º Los colaterales por afinidad legítima hasta el cuarto grado** (este lejano impedimento fue el alegado por Enrique VIII de Inglaterra, entre citaciones bíblicas, cuando deseó se le anulara su matrimonio con Catalina de Aragón). — **4.º Los colaterales por consanguinidad o afinidad natural hasta el segundo grado** (curioso resulta advertir que aquí ya no se hace extensivo el impedimento hasta el cuarto grado, como cuando el parentesco es legítimo). — **5.º El padre o madre adoptante y el adoptado; éste y el cónyuge viudo de aquéllos; y aquéllos y el cónyuge viudo de éste** (o sea, según el canon 1.080 del Código Canónico, *qui lege civili inhabiles ad nuptias inter se ineundas habentur ob cognationem legalem ex adoptione ortam*: es decir, aquellos que por la ley civil son declarados inhábiles para contraer nupcias entre sí, a causa del parentesco legal nacido de una adopción). — **6.º Los descendientes legítimos del adoptante con el adoptado, mientras subsista la adopción** (por la misma causa que en el párrafo anterior). — **7.º Los adúlteros que hubiesen sido condenados por sentencia firme** (incluyéndose aquí el primer supuesto del canon 1.075, según muy bien ha señalado Castán: el "adulterio con promesa de matrimonio"). — **8.º Los que hubiesen sido condenados como autores, o como autor y cómplice de la muerte del cónyuge de cualquiera de ellos** (incluyéndose aquí las otras dos hipótesis del canon 1.075, según señaló también Castán: ora el "adulterio con conyugicidio", ora el "conyugicidio con conspiración mutua").

Completando la precedente enumeración y siguiendo también a Castán Tobeñas, cabe rememorar otra serie de impedimentos matrimoniales: en lo canónico, la ignorancia de la esencia del matrimonio (canon 1.082), la simulación y reserva mental (canon 1.086), el error en cuanto a la persona o sus cualidades (canon 1.083), la violencia o miedo (canon 1.087), el rapto mientras la raptada permanece en poder del raptor (canon 1.074), la disparidad absoluta de cultos (cánones 1.070-1.071), los parentescos espirituales nacidos del bautismo o de la confirmación (cánones 768, 797 y 1.079), el voto simple de virginidad (canon 1.058) y el llamado veto de la Iglesia en casos especiales (cánones 1.060, 1.065 y 1.066); mientras que, en lo civil, cabe añadir otros cuatro "impedimentos menores": el de la viuda dentro de los trescientos un días siguientes a la muerte del marido o antes de su alumbramiento, el del tutor y sus descendientes con el pupilo o pupila hasta que sean aprobadas las cuentas de la tutela, la falta en el menor de la licencia del padre o de quien haga sus veces y el del sometido a servicio o profesión militar sin los exigidos permisos. Trátase de una serie de impedimentos, sin excepción, subsanables mediante las oportunas dispensas.

Artículo 85. **El Gobierno, con justa causa, puede dispensar a instancia de parte: el impedimento comprendido en el apartado segundo del artículo 45** (el de la viuda acabado de rememorar, parece obligado añadir aquí); **los grados tercero y cuarto de los colaterales por consanguinidad legítima; los impedimentos nacidos de afinidad legítima o natural entre colaterales, y los que se refieren a los descendientes del adoptante.**

Curiosa resulta esta reserva de la dispensa de ciertos impedimentos al Gobierno —en el supuesto tácito de que, ante los restantes, es la autoridad eclesiástica la que debe decidir—: aparte de que la Ley del Registro Civil de 8 de junio de 1957 (con exactitud, en su artículo 74) atribuye esta facultad dispensadora al ministro de Justicia, a propuesta de la Dirección General de los Registros y del Notariado.

22. Cuestiones prácticas sobre la capacidad de los contrayentes del matrimonio civil

Pregunta: Las personas que han recibido órdenes sagradas, ¿pueden contraer matrimonio civil?

Respuesta: En España, para contraer matrimonio civil, tales personas necesitan previamente de dispensa canónica (10 de julio de 1916).

P.: Las peticiones de dispensas de impedimentos matrimoniales, ¿es necesario que vayan fundamentadas?

R.: Desde luego que sí: la petición de cualquier dispensa ha de ser fundamentada convenientemente para que pueda concederse (18 de noviembre de 1913).

P.: Atendiendo a la legislación comparada, ¿varían las edades exigidas para casarse según los países?

R.: Varían y mucho: por ejemplo, el Código Civil francés exige 18 años en el varón y 16 en la mujer, mientras el Código Civil suizo llega a exigir 20 años en el varón y 18 en la mujer.

P.: En derecho histórico español, ¿qué norma recibe el nombre de "Ley del disenso paterno"?

R.: Recibe tal nombre la Ley de 23 de junio de 1862 —bajo el reinado de Su Majestad Isabel II— que consideraba impedimento para casarse el que los hijos no obtuvieran el asenso de sus padres, hasta los 23 años los varones y los 20 las mujeres (norma derogada hacia fines del siglo XIX).

P.: Remontándonos algo más en nuestra historia, ¿no cabe señalar alguna norma famosa todavía más exigente en cuanto a la edad?

R.: La máxima exigente fue la Pragmática de Carlos III de 23 de marzo de 1776, en cuya virtud se prolongaban las edades necesitadas de asensos paternos —a efectos nupciales— hasta los 25 años para los varones y los 23 para las mujeres.

P.: ¿Qué sanciones penales solían imponerse, cuando existían, a los jóvenes que contraían matrimonio sin los obligados permisos?

R.: En el Código Penal español de 1928 —el llamado Código Riguroso de la Dictadura del general Primo de Rivera— las penalidades eran las siguientes (artículo 652): multas de 1.000 a 5.000 pesetas a los menores de veintitrés años que se casaran sin el consentimiento de quienes fueren llamados a otorgarlo y multas de 1.000 a 2.000 pesetas a los mayores de esa edad (que entonces marcaba la mayoría civil, luego rebajada a los veintiún años) que se casaran sin pedir el conveniente consejo o sin transcurrir los tres meses preceptivos, en caso de ser desfavorable.

Sección 8.ª: LA CELEBRACION DEL MATRIMONIO

23. Explicación general

Empezando por las llamadas "celebraciones excepcionales" de matrimonios, siguiendo a Castán Tobeñas cabe destacar —dentro de la legislación concretada en nuestro Código Civil español— las siguientes: el matrimonio "de militares en activo servicio" (art. 90), el "de extranjeros en España" (art. 91), el "de españoles en el extranjero" (art. 100-III), el "de personas en inminente peligro de muerte" (arts. 9 y 95), el "de contrayentes por mandatarios" (art. 87) y el "de conciencia o secreto" (artículo 79).

Ahora bien, pasando ya a los casos generales, los párrocos no pueden cohonestar la celebración de ningún matrimonio sin que antes les conste el estado de soltería o libertad de los contrayentes, amén de que no medie entre ellos impedimento de clase ninguna. Para ello se forman los oportunos expedientes, donde deberán constar los documentos necesarios y no se procederá a matrimonio ninguno hasta tres días después de la última proclama, de no mediar alguna causa razonable.

En España, por costumbres multiseculares, son los párrocos quienes instruyen esos expedientes y sólo intervienen las curias diocesanas —según ocurre en otros países ante la mayoría de los casos— cuando concurre alguna de las circunstancias siguientes:

a) Cuando las nupcias se contraen mediante mandatarios o procuradores por alguna de las partes.

b) Cuando se trata de matrimonios entre vagos o personas sin domicilio fijo.

c) Cuando los contrayentes están ya unidos civilmente por haber vivido en el extranjero y tratan de legitimar su situación en España.

d) Cuando ha de intervenir dispensa de proclamas o de algún impedimento.

e) Cuando se necesitan documentos o intervenciones procedentes de otras curias diocesanas.

Los pormenores que han de acreditarse en tales expedientes son múltiples y variados: consignar edad, domicilio, naturaleza, filiación y profesión de los esposos; consignar, además, que han sido examinados y aprobados en doctrina cristiana, que no tienen parentesco próximo, que no han hecho voto de castidad o religioso, etc.

Si surgieran dudas acerca de que existe algún impedimento, el párroco investigará cuidadosamente la cuestión —mediante dos o tres testigos por lo menos— y una de dos: o no procederá a ulteriores trámites, mientras no se remueva el impedimento, o, si se comprueba que nada lo impide, admitirá a las partes interesadas, para la celebración del matrimonio (cuyas normas civiles de celebración, acto seguido, van a ocuparnos precisamente en el apartado inmediato).

24. La celebración del matrimonio y el Código Civil

Artículo 86. **Los que con arreglo al artículo 42 pretenden contraer matrimonio en forma civil presentarán en el Registro Civil de su domicilio una declara-**

ción, firmada por ambos contrayentes, en que conste: 1.º Los nombres, apellidos, edad, profesión, domicilio o residencia de los contrayentes. — 2.º Los nombres, apellidos, profesión, domicilio o residencia de los padres. — Acompañarán a esta declaración la prueba del nacimiento y del estado civil, la licencia si procediere y la dispensa cuando sea necesaria. — Asimismo, presentarán la prueba de no profesar la religión católica.

Cotejando esta redacción de 1958 con su precursora de 1888, adviértese que sus dos párrafos numerados centrales coinciden y discrepan en cambio tanto la iniciación como la terminación, que en un principio estaban concebidas así: "Los que con arreglo al artículo 42 hubieren de contraer matrimonio en la forma determinada en este Código (es decir, prescindiendo de lo impuesto por el Código de Derecho Canónico, vigente en España para la gran mayoría de los casos), presentarán al juez municipal de su domicilio una declaración... Acompañarán a esta declaración la partida de nacimiento y de estado de los contrayentes, la licencia o consejo si procediere (permisos tenidos por caducados, de 1958 en adelante, contrastando con su anterior exigibilidad) y la dispensa cuando sea necesaria" (nada se decía entonces tampoco de la "prueba de no profesar la religión católica", que ahora puede reducirse a una manifestación jurada). Y conste que este precepto, dentro de la presente "sección", es el único diversamente redactado en 1888 y en 1958: todos los restantes, hasta el 100 inclusive, resultan en cambio idénticos.

Artículo 87. **El matrimonio podrá celebrarse personalmente o por mandatario a quien se haya conferido poder especial, pero siempre será necesaria la asistencia del contrayente domiciliado o residente en el distrito del juez que deba autorizar el casamiento. — Se expresará, en el poder especial, el nombre de la perso-**

na con quien ha de celebrarse el matrimonio y éste será válido si antes de su celebración no se hubiera notificado al apoderado en forma auténtica la revocación del poder.

Guardan estrecha relación con este artículo otros dos del propio Código Civil: el que sitúa al "poder para contraer matrimonio" entre los actos que deberán constar en documento público (art. 1.280) y el que prevé la posibilidad de muerte desde el momento de otorgar el poder el mandante hasta el instante en que lo use el mandatario, en cuyo caso —por si hubiere hijos a legitimar— "lo hecho por el mandatario, ignorando la muerte del mandante u otra cualquiera de las causas que hacen cesar el mandato, es válido y surtirá todos sus efectos respecto a los terceros que hayan contratado con él de buena fe" (art. 1.738). Y si algún atento lector se pregunta acerca de cuáles son esas causas que, en general, hacen cesar los mandatos o poderes... cabrá responderle con un tercer artículo del mismo Código, el siguiente: "El mandato se acaba: 1.º Por su revocación. — 2.º Por la renuncia del mandatario. — 3.º Por muerte, interdicción, quiebra o insolvencia del mandante o del mandatario" (art. 1.732).

Artículo 88. **Si el juez municipal escogido para la celebración del matrimonio no lo fuere a la vez de ambos contrayentes, se presentarán dos declaraciones, una ante el juez municipal de cada contrayente, expresando cuál de los dos jueces han elegido para la celebración del matrimonio, y en ambos juzgados se practicarán las diligencias que se establecen en los artículos siguientes.**

Henos ante una norma civil muy similar a otra canónica, aquella que prevé la hipótesis de que sean dos los ordinarios con derecho a decidir ante un matrimonio y reserva tal derecho a aquel en cuya diócesis las nupcias se celebren (Código de Derecho Canónico, canon 1.028).

Artículo 89. **El juez municipal, previa ratificación de los pretendientes, mandará fijar edictos o proclamas por espacio de quince días, anunciando la pretensión con todas las indicaciones contenidas en el artículo 86 y requiriendo a los que tuviesen noticia de algún impedimento para que lo denuncien. Iguales edictos mandará a los jueces municipales de los pueblos en que hubiesen residido o estado domiciliados los interesados en los dos últimos años, encargando que se fijen en el local de su audiencia pública por espacio de quince días, y que, transcurridos éstos, los devuelvan con certificación de haberse llenado dicho requisito y de haberse o no denunciado algún impedimento.**

Con sólo leer "edictos civiles" allí donde se habla de "proclamas canónicas", obvio resulta el paralelismo de este precepto con los eclesiásticos preparadores del terreno a los matrimonios católicos (Código de Derecho Canónico, cánones 1.019 y siguientes).

Artículo 90. **Los militares en activo servicio que intentaren contraer matrimonio estarán dispensados de la publicación de los edictos fuera del punto donde residan, si presentaren certificación de su libertad, expedida por el jefe del cuerpo armado a que pertenezcan.**

Para el matrimonio de militares —sobre el que ofrece una amplia información histórica el civilista Covián (en el tomo XXII de la *Enciclopedia Jurídica Española,* bajo el epígrafe "Matrimonios de militares") rigen los requisitos especiales de la Ley de 23 de junio de 1941 (común para los ejércitos de Tierra, Mar y Aire): en el bien entendido de que los matrimonios son válidos, aun cuando no se cumplan, si bien se incurre entonces en las penalidades del Código de Justicia Militar (artículos 293 y 332).

Artículo 91. **Si los interesados fueren extranjeros y no llevaren dos años de residencia en España, acreditarán con certificación en forma dada por autoridad competente que en el territorio donde hayan tenido su domicilio o residencia, durante los dos años anteriores, se ha hecho con todas las solemnidades exigidas en aquél la publicación del matrimonio que intentan contraer.**

He aquí una aplicación a lo matrimonial del fundamentalísimo precepto siguiente (Código Civil, art. 8): "Las leyes penales, las de policía y las de *seguridad pública* obligan a todos los que habitan en territorio español".

Artículo 92. **En todos los demás casos, solamente el Gobierno podrá dispensar la publicación de los edictos, mediando causas graves, suficientemente probadas.**

En paralelismo con lo antes puntualizado frente al artículo 85, la Ley del Registro Civil de 8 de junio de 1957 (art. 74) concede esta facultad al ministro de Justicia, a propuesta de la Dirección General de los Registros y del Notariado.

Artículo 93. **No obstante lo dispuesto en los artículos anteriores, el juez municipal autorizará el matrimonio del que se halle en inminente peligro de muerte, ya esté domiciliado en la localidad, ya sea transeúnte. — Este matrimonio se entenderá condicional, mientras no se acredite legalmente la libertad anterior de los contrayentes.**

Facilidades análogas son las concedidas por el Código de Derecho Canónico (canon 1.098) ante la misma hipótesis de hallarse alguno de los contrayentes *in periculo mortis* o en peligro de muerte.

Artículo 94. **Los contadores de los buques de guerra y los capitanes de los mercantes autorizarán los matrimonios que se celebren a bordo en inminente peligro de muerte. También estos matrimonios se entenderán condicionales.**

Y también aquí, como ante el anterior artículo 90, cabe recordar la norma específica complementaria: el Código de la Marina (art. 249).

Artículo 95. **Lo dispuesto en el artículo anterior es aplicable a los jefes de los cuerpos militares en campaña, en defecto del juez municipal, respecto de los individuos de los mismos que intenten celebrar matrimonio «in articulo mortis».**

Según la Ley de 1941 antes aludida (glosa al art. 90), entiéndese por "jefe" el ministro del ramo —Ejército, Marina o Aire— cuando los peticionarios son generales, oficiales o asimilados, y el capitán general de la región correspondiente en los demás casos.

Artículo 96. **Transcurridos los quince días a que se refiere el artículo 89 sin que se haya denunciado ningún impedimento y no teniendo el juez municipal conocimiento de alguno, procederá a la celebración del matrimonio, en los términos que se previenen en este Código. — Si pasare un año desde la publicación de los edictos sin que se efectúe el casamiento, no podrá celebrarse éste sin nueva publicación.**

Los dos plazos recogidos en este precepto —quince días como mínimo y un año como máximo, para la validez de los edictos civiles— traen a la memoria la posibilidad eclesiástica, a partir del Código de 1917, con la que procede sustituir las proclamas durante los oficios sagrados en tres domingos o días festivos seguidos: en lugar de tales proclamas orales, caben ahora amonestaciones escritas fijadas a las puertas de la parroquia —o de otra iglesia— durante ocho días por lo menos que encierren dos fiestas preceptivas, plazo que suele interpretarse como intermedio también entre las dos semanas como mínimo y el año como máximo (cánones 1.022 a 1.025).

Artículo 97. **Si antes de celebrarse el matrimonio se presentare alguna persona oponiéndose a él y alegando impedimento legal, o el juez municipal tuviere conocimiento de alguno, se suspenderá la celebración del matrimonio hasta que se declare por sentencia firme la improcedencia o falsedad del impedimento.**

El Código de Justicia Militar, ante esta misma hipótesis, estructura normas algo más detalladas (arts. 233 y 332).

Artículo 98. **Todos aquellos a cuyo conocimiento llegue la pretensión del matrimonio, están obligados a denunciar cualquier impedimento que les conste. Hecha la denuncia, se pasará al ministerio fiscal, quien si encontrare fundamento legal entablará la oposición al matrimonio. Sólo los particulares que tengan interés en impedir el casamiento podrán formalizar por sí la oposición, y en uno y otro caso se sustanciará ésta conforme a lo dispuesto en la Ley de Enjuiciamiento Civil, dándole la tramitación de los incidentes.**

A estos efectos, además de la invocada Ley de Enjuiciamiento Civil (arts. 741 a 887) o de la invocable Ley Orgánica del Poder Judicial (art. 888), rige aquí una importante circular de la fiscalía del Tribunal Supremo:

aquella según la cual los fiscales tienen la obligación de oponerse, cuando tienen noticia de la existencia de algún impedimento, aunque no le haya sido denunciado (8 de mayo de 1888).

Artículo 99. **Si por sentencia firme se declararen falsos los impedimentos alegados, el que fundado en ellos hubiese formalizado por sí la oposición al matrimonio, queda obligado a la indemnización de daños y perjuicios.**

Atendiendo al derecho comparado, son muchos los códigos civiles que se muestran todavía más exigentes en este orden que el nuestro —desde el francés (arts. 172 a 179) hasta el suizo (arts. 108 a 113)—, el cual por cierto halla su natural complemento, para este orden de cosas también, en la Ley de Enjuiciamiento Civil (arts. 928 a 937).

Artículo 100. **Se celebrará el casamiento compareciendo ante el juez municipal los contrayentes, o uno de ellos y la persona a quien el ausente hubiese otorgado poder especial para representarle, acompañados de dos testigos mayores de edad y sin tacha legal. — Acto seguido el juez municipal, después de leídos los artículos 56 y 57 de este Código, preguntará a cada uno de los contrayentes si persiste en la resolución de celebrar el matrimonio y si efectivamente lo celebra; y respondiendo ambos afirmativamente, extenderá el acta de casamiento con todas las circunstancias necesarias para hacer constar que se han cumplido las diligencias prevenidas en esta sección. El acta será firmada por el juez, los contrayentes, los testigos y el secretario del juzgado. — Los cónsules y vicecónsules ejercerán las funciones de jueces municipales en los matrimonios de españoles celebrados en el extranjero.**

Ante esta norma —finalizadora de la presente sección y diáfana en sí misma— interesa sólo acotar que, por repetida criteriología jurisprudencial, es nulo el matrimonio civil celebrado por españoles en el extranjero (¡cuánto vuelve hoy a abusarse en tal esfera!) al margen del correspondiente consulado o viceconsulado (1 de mayo de 1919 y 26 de abril de 1929).

25. Cuestiones prácticas sobre la celebración del matrimonio

Pregunta: El matrimonio secreto o de conciencia, aludido entre líneas por el artículo 92 del Código Civil, ¿se rige por alguna norma especial?

Respuesta: Se rige, en efecto, por el Real Decreto de 19 de marzo de 1906 (arts. 8 a 11), donde se preceptúan los siguientes requisitos: solicitud al Gobierno con justa causa, acta inscribible en la Dirección General de los Registros, y ulterior publicación conforme a las normas del propio Código Civil (art. 79).

P.: Durante el servicio militar en un regimiento terrestre, ¿pueden los muchachos contraer matrimonio?

R.: Aun cuando no menudean los permisos al efecto, el Real Decreto de 20 de agosto de 1930 (art. 8-III) establece que, durante la permanencia en filas, se podrá contraer matrimonio si previamente lo autoriza el capitán general de la región militar.

P.: Si se está prestando el servicio militar como marino, ¿concurre alguna otra norma específica?

R.: Concurre la Ley de Reclutamiento y Reemplazo de la Armada de 14 de diciembre de 1933 (art. 36 y siguientes), donde se dispone que los marineros no podrán casarse hasta su cese en el servicio efectivo o hasta que haya transcurrido el primer año de permanencia en la situación activa cuando no hubiesen ingresado en él, si bien en casos especiales cabrá concederles licencia para casarse por los almirantes-jefe de las bases navales durante sus permanencias en los servicios efectivos, o bien por el inspector general de alistamiento en los demás casos.

P.: La repetidamente aludida Ley de 23 de junio de 1941 sobre matrimonios de militares, ¿exige algún otro requisito, aparte de los ya señalados?

R.: Entre tales requisitos, destacan dos: en el novio, haber cumplido los veinticinco años de edad; y en la novia, ser "española, hispanoamericana o filipina, católica y no divorciada".

P.: Si algún menor necesita para casarse en el extranjero del consentimiento paterno o equivalente, ¿podrá protocolizarlo ante cualquier tipo de agentes consulares?

R.: Desde luego que sí: según el reglamento notarial de 8 de agosto de 1935 (art. 4 del anexo III), pueden, en tal caso, actuar cualesquiera agentes consulares, aunque sean honorarios.

P.: Atendiendo al derecho histórico, ¿cuál fue la primera nación, en los tiempos modernos que intentó arrinconar el matrimonio canónico en beneficio del matrimonio civil?

R.: Esto ocurrió en Francia, tras la Revolución de 1789. Al efecto, la famosa Constitución francesa de 1791 llegó a declarar: "La Ley no considera el matrimonio más que como un contrato civil."

Sección 9.ª: LA NULIDAD DEL MATRIMONIO

26. Explicación general

Tanto en el matrimonio canónico como en el civil, cuando se habla de su nulidad o inexistencia en potencia —la cual a veces llega a declararse, manteniéndose en lo oculto de por vida otras veces—, impónese distinguir el plano de las causas y el de los efectos.

1) En el plano de las causas, la nulidad matrimonial puede brotar de uno de estos tres orígenes:

a) La existencia de cualquiera de los impedimentos no dispensados; como pueden serlo la impubertad, la enajenación mental, el orden sagrado, la profesión religiosa, la bigamia, el parentesco y determinadas formas de previo crimen (adulterios previamente declarados, conyugicidios con promesa matrimonial, etc.).

b) La falta de consentimiento libre, ora relativa —por error, por coacción, por miedo o por rapto—, ora absoluta o por infringir el artículo 4 del Código Civil ("son nulos los actos ejecutados contra...").

c) Alguna deficiencia en la forma de la celebración matrimonial, ora en las proclamas, ora en los testigos, etcétera.

2) En el plano de los efectos, la nulidad matrimonial exige atender a otros tres niveles:

a) En relación a las personas de los contrayentes: su separación, su domiciliación según los casos —quedando uno en el hogar conyugal y otro "depositado" judicialmente—, su intercambio de alimentos (pasando uno a ser alimentista o beneficiario de alimentos y otro alimentante o suministrador de los mismos, etc.).

b) En relación a las personas de los hijos: ponerlos al cuidado de uno de los consortes o de los dos —según proceda atendiendo a edades, a culpabilidades, etc.—, suministrarles alimentos según lo legislado (con lo cual los hijos pasan siempre a ser alimentistas, mientras el alimentante pasa a serlo el padre o la madre de acuerdo con lo pactado entre ellos o lo impuesto por el juez), etcétera.

c) En relación a los bienes del matrimonio: la nulidad produce en esta esfera los mismos efectos que la disolución por muerte, variando, claro está, según se trate del derecho común español o del derecho foral catalán. En derecho común, se impone la restitución de la dote y de los bienes parafernales o extradotales, la liquidación y adjudicación de los bienes de la sociedad de gananciales, etc. (con la diferencia de que, si uno solo de los esposos obró de mala fe, pierde todo derecho a los gananciales).

Y como las normas positivas de nuestro Código Civil sobre esta materia resultan sobradamente contundentes, llegada parece la hora de introducirnos en su comentario, no sin antes aclarar que sobre la marcha —párrafo por párrafo— se irán acompañando los preceptos codificados de oportunos "paréntesis" aclaratorios, según ya se ha hecho con anterioridad en otras secciones.

27. La nulidad del matrimonio y el Código Civil

Artículo 101. **Son nulos: 1.º Los matrimonios entre las personas a quienes se refieren los artículos 83 y 84, salvo en los casos de dispensa** (directa alusión a los impedimentos matrimoniales antes glosados). — **2.º El contraído por error en la persona, o por coacción o miedo grave que vicie el consentimiento** (ecos claros de los cánones 1.083 y 1.087, donde se describen los diversos tipos de error y de coacción o miedo). — **3.º El contraído por el raptor con la robada, mientras ésta se halle en su poder** (aquí deberá atenderse al Código Penal, artículos 434-445). — **4.º El que se celebre sin la intervención del juez municipal competente, o del que en su lugar deba autorizarlo, y sin la de los testigos que exige el artículo 100** (por sentencia de 29 de marzo de 1904, el Tribunal Supremo ha reconocido a los cónsules o vicecónsules de España las funciones de jueces municipales, para los matrimonios entre españoles a celebrar en el extranjero).

La nulidad concurrente en cada uno de estos cuatro párrafos resulta bastante obvia, por lo que también lo resulta la necesidad de que intervenga para declararla el ministerio fiscal, bajo pena de nulidad de procedimiento (5 de junio de 1926): en el bien entendido de que no se precisa que actúe como parte, pudiendo limitarse su actuación a emitir dictámenes o a interponer recursos (29 de marzo de 1904).

Artículo 102. **La acción para pedir nulidad del matrimonio corresponde a los cónyuges, al ministerio fiscal y a cualesquiera personas que tengan interés en ella. — Se exceptúan los casos de rapto, error, fuerza o miedo, en que solamente podrá ejercitarla el cónyuge que los**

hubiese sufrido; y el de impotencia, en que la acción corresponderá a uno y a otro cónyuge y a las personas que tengan interés en la nulidad (el 8 de mayo de 1889, una circular de la fiscalía del Tribunal Supremo insistía sobre los criterios de este párrafo). — **Caduca la acción y se convalidan los matrimonios, en sus respectivos casos, si los cónyuges hubieran vivido juntos durante seis meses después de desvanecido el error o de haber cesado la fuerza, o la causa del miedo, o si recobrada la libertad por el raptado no hubiese éste interpuesto durante dicho término la demanda de nulidad** (cuando el matrimonio civil es subsidiario respecto del eclesiástico, rigen en esta materia las amplias normas del derecho canónico).

Como glosa general ante el artículo 102, acaso no resulte inoportuno recordar que el Código de Derecho Canónico estructura su capítulo "Convalidación del matrimonio" *(De matrimonii convalidatione)* mediante dos subcapítulos: el primero, "Sobre la simple convalidación" *(De convalidatione simplici)*, entre facilidades similares a las acabadas de transcribir; y el segundo, "Sobre el saneamiento de raíz" *(De sanatione in radice)*, entre especiales reservas para la Sede Apostólica Romana.

Artículo 103. **Los tribunales civiles conocerán de los pleitos de nulidad de los matrimonios celebrados con arreglo a las disposiciones de este capítulo, adoptarán las medidas indicadas en el artículo 68 y fallarán definitivamente.**

Como normas procesales suplementarias respecto de la presente, obligado parece mencionar los artículos 481 y 483 de la Ley de Enjuiciamiento Civil.

Pregunta: Si un sacerdote o cualquier otro español que haya recibido órdenes sagradas intenta casarse en el extranjero, por lo civil, ¿será válido su matrimonio en España?

Respuesta: Cualquiera que sea el reconocimiento que el pretendido matrimonio reciba en el extranjero, en España es siempre nulo (10 de julio de 1916).

P.: ¿Ocurre lo mismo o algo diferente cuando se trata de un menor de edad que intenta casarse, en país extranjero, sin consentimiento paterno o de quien corresponda?

R.: Ocurre exactamente lo mismo, derivándose la nulidad del acto de que el consentimiento de la voluntad no se considera completo (1 de mayo de 1919).

P.: En caso de bigamia, ¿existe el segundo matrimonio mientras no medie declaración judicial de nulidad o es nulo desde un principio?

R.: Según el Tribunal Supremo, el segundo matrimonio no produce efecto alguno por ser inexistente, aun sin necesidad de declaración judicial (19 de enero de 1916).

P.: ¿Puede ordenarse el depósito judicial de la mujer, aun antes de la interposición de la demanda tendente a anular un matrimonio?

R.: Aun cuando las leyes parecen aceptar tal posibilidad, el Tribunal Supremo tiene establecido que no procede dicho depósito hasta después de haberse admitido judicialmente la demanda (23 de diciembre de 1903).

P.: Para mantener el depósito judicial de una mujer casada, adoptado como medida preventiva durante la sustanciación de un juicio emprendido para anular un matrimonio, ¿qué se precisa?

R.: Basta que se acredite haber intentado la demanda judicial encaminándola a uno de esos dos fines, ora la nulidad matrimonial, ora la separación antes llamada "divorcio" (10 de abril de 1915).

P.: En los casos de nulidad matrimonial, ¿quedan siempre en poder de la madre los hijos menores de siete años y en poder del padre los restantes?

R.: Las corriente mundiales, aun aceptando esa elevación de edad —antes circunscrita a los tres años—, complementan tal criteriología con una sana apelación al libre arbitrio judicial o imperio de lo equitativo: apelación que aparece también en sentencias de nuestro Tribunal Supremo (26 de junio de 1916 y 14 de diciembre de 1931).

Sección 10.ª: LA SEPARACION MATRIMONIAL

29. Explicación general

Empezando por abordar la nueva cuestión planteada desde un enfoque terminológico, cabe recordar que en las Sagradas Escrituras varias son las denominaciones que recibe la separación matrimonial: dimisión o *dimissio,* disgregación o *discessus,* divorcio o *divortium,* repudiación o *repudium* y finalmente separación o *separatio.*

De hecho, sin embargo, casi todas esas palabras se han ido perdiendo en el habla común y solamente dos se han estabilizado: la palabra "divorcio", para la desvinculación plena (aun cuando ahora se la someta a diversos condicionamientos, por ejemplo, entre los italianos y sus "pequeños divorcios" o *piccoli divorzii*) y la voz "separación" para la desvinculación parcial.

Desde luego, no faltan fundamentos bíblicos en contra del divorcio plenario ora porque en el Antiguo Testamento se describe la unión entre Adán y Eva con la frase "eran dos en una sola carne" (Génesis, 2: *erant duo in carne una),* ora porque en el Nuevo Testamento el mismísimo Cristo aconsejó que "cuanto Dios ha unido el hombre no lo separe" (Mateo, 19: *quod Deus coniunxit homo non separet*).

Aun sin rememorar otros lugares evangélicos que insisten sobre la misma idea (Mateo, 5; Marcos, 10; Lucas, 15), o sin insistir sobre las epístolas paulinas que inciden sobre la cuestión (A los Romanos, 1 y 2; A los Corintios, 1, etc.), no cabe duda de que los primitivos concilios lucharon contra cualesquiera pretendidas desvinculaciones —el de Cartago el año 407, el de Angers el 435, etc.—, iniciándose así una tradición multisecular que culmina en la solemnísima declaración de la indisolubilidad matrimonial del vigente Código de Derecho Canónico, al siguiente tenor: "El matrimonio válido rato y consumado no puede disolverse, a no ser con la muerte, por autoridad humana ninguna y por causa ninguna" (canon 1.118: *Matrimonium validum ratum et consumatum nulla humana potestate nullaque causa, praeterquam morte, dissolvi potest).*

Tan solemne declaración, sin embargo, ofrece dos resquicios: pues los matrimonios podrán disolverse ora por ser meramente "ratos" o contraídos y no consumados, o por ser "inválidos" al haberse concertado cuando los contrayentes no estaban bautizados. De ahí que sean posibles, en derecho canónico cristiano y en derecho español actual, dos grupos de posibles "separaciones" (sobre ellos versan, sucesivamente, los cánones 1.119 y 1.120).

En primer término, como subespecies de la disolución de los matrimonios no consumados, cabe señalar dos: ora por profesión religiosa solemne de alguno de los consortes, ora por dispensa concedida ante una justa causa por la Sede Apostólica (tras la solicitud de los contrayentes, o de uno de ellos, e incluso oponiéndose a veces el otro).

En segundo lugar, como subespecies de la disolución de los matrimonios no válidos —aun cuando hayan sido consumados y en virtud del ya mencionado Privilegio Paulino— cabe señalar otras dos: según que el cónyuge no cristiano acepte o se resista a la disolución.

No obstante, aun siendo a la vez "consumado" y "válido", en España y en todas las naciones cristianas cabe —por lo menos— la llamada "separación de lecho y de residencia" *(separatio tori et habitationis)*: la cual es, precisamente, la que va a ocuparnos en el apartado inmediato y tras indicar que donde ahora se lee "separación" antes se leía "divorcio" (el *ahora* alude a la Ley de 24 de abril de 1958, vigente todavía en la actualidad: mientras que el *antes* alude a la redacción originaria del Código Civil de 1888, en cuyo seno cabe rastrear otras diferencias a nuestro propósito, según se irán puntualizando en el inmediato apartado).

30. La separación matrimonial y el Código Civil

Artículo 104. **La separación produce la suspensión de la vida común de los casados y los demás efectos previstos en el artículo 73.**

Esta coletilla acabada de transcribir, "y los demás efectos...", no figuraba en la primitiva redacción de 1888 y al agregarse, a partir de 1958, acaso haya provocado la sorpresa de más de un lector: por cuanto al desaparecer la voz "divorcio" y sustituirla por la de "separación", más bien los efectos previsibles deberían disminuir y no aumentar... Mas no se olvide que también el invocado artículo 73, a partir del año 1958, es bastante diverso a como lo idearon los legisladores de 1888.

Artículo 105. **Las causas legítimas de separación son: 1.ª El adulterio de cualquiera de los cónyuges. — 2.ª Los malos tratamientos de obra, las injurias graves y el abandono del hogar. — 3.ª La violencia ejercida por un cónyuge sobre el otro para obligarle a cambiar de religión. — 4.ª La propuesta del marido para prostituir a su mujer. — 5.ª El conato del marido o de la mujer para** corromper a sus hijos o prostituir a sus hijas, y la connivencia en su corrupción o prostitución. — 6.ª La condena del cónyuge a reclusión mayor.

Estas seis causas variaban ligeramente en 1888, mereciendo transcribirse sus descripciones originarias: 1.ª "El adulterio de la mujer en todo caso y el del marido cuando resulte escándalo público o menosprecio de la mujer" (esta añeja fórmula establecía una irritante discriminación entre los sexos, que por fortuna ha desaparecido, aproximándose la nueva fórmula al canon 1.075). — 2.ª "Los malos tratamientos de obra o las injurias graves" (nada se decía antes del "abandono del hogar", ahora muy oportunamente adicionado, para la mejor defensa de la sociedad familiar nueva). — 3.ª La violencia ejercida por el marido sobre la mujer para obligarla a cambiar de religión (también aquí resultaba oportuno discriminar entre los sexos humanos). — 4.ª y 5.ª (Nada merece comentario, pues estas dos causas "antiproxenetísticas" aparecen idénticas en ambas redacciones). — 6.ª "La condena del cónyuge a *cadena o reclusión perpetua*" (aquí la pena subrayada ha sido sustituida por la de "reclusión mayor", máxima pena carcelaria entre las previstas en el vigente Código Penal de 1944, en paralelismo con lo que la "cadena o reclusión perpetua" antes subrayada era dentro del Código Penal de 1870, vigente al aparecer el Código Civil de 1888).

Artículo 106. **La separación sólo puede ser pedida por el cónyuge inocente.**

En España, solamente bajo la vigencia de la ya aludida Ley del Divorcio de 1932 (arts. 4 y 5) cualquiera de los consortes —inocente o no frente a los alegatos de la norma precedente— podía solicitar la "separación matrimonial" (entonces llamada precisamente "divorcio").

Artículo 107. **Lo dispuesto en el artículo 103 será aplicable a los pleitos de separación y a sus incidencias.**

Como al glosar el artículo aquí invocado, impónese rememorar los complementarios preceptos situables en la Ley de Enjuiciamiento Civil (arts. 481 y 483).

31. Cuestiones prácticas sobre la separación matrimonial

Pregunta: ¿Cuáles son las dos condiciones clásicas a que se sujeta el llamado Privilegio Paulino, antes de que se separen los cónyuges?

Respuesta: Según el canon 1.121, salvo dispensa de la Sede Apostólica, antes de que el cónyuge convertido y bautizado contraiga nuevo matrimonio con validez, debe interpelar a su consorte no bautizado sobre dos extremos: 1.° Sobre si ese mismo consorte quiere también convertirse y recibir el bautismo *(an velit et ipsa converti et baptismum suscipere)*; 2.° Sobre si quiere ulteriormente cohabitar en paz con él y sin contumelias acerca del Creador *(an saltem velit secum cohabitare pacifice sine contumelia Creatoris)*. Y conste que, si cualquiera de estas dos consultas origina un resultado positivo, el Privilegio Paulino normalmente no se aplica.

P.: Después de señalar los casos en que no tiene aplicación el Privilegio Paulino sobre separación matrimonial, ¿cabe señalar otros casos en que sí tenga aplicación?

R.: Según el canon 1.123, tales afirmativos son también dos: 1.° Si las aludidas interpelaciones fueron omitidas por declaración previa de la Sede Apostólica *(si interpellationes ex declaratione Sedis Apostolicae omissae fuerint)*; y 2.° Si el infiel respondiera a las mismas negativamente, de manera expresa o tácita *(si infidelis eisdem negative responderit expresse vel tacite)*.

P.: Sabiendo que el derecho canónico autoriza la separación matrimonial, ante un caso de adulterio y a iniciativa del consorte ofendido, ¿procede señalar alguna excepción a tal posibilidad?

R.: Según el canon 1.129, las excepciones son las siguientes: "Si consintió en el delito, o suministró causa para el mismo, o bien lo perdonó expresa o tácitamente, o bien si él mismo cometiera idéntico crimen" *(si in crimen consenserit, aut eidem causam dederit, vel illud expresse aut tacite condonaverit vel ipse quoque idem crimen commiserit).*

P.: ¿En qué se diferencian los perdones presunto y tácito acabados de aludir?

R.: Según el propio canon 1.129 (párrafo II), la diferenciación es la siguiente: "Surge el perdón tácito si el cónyuge inocente, tras haber tenido certeza del crimen de adulterio, por propia espontaneidad y por afecto conyugal se hubiere reunido con el otro cónyuge; y ello se presume, a no ser que dentro de los seis meses expulsa o abandona al otro cónyuge, o bien le dedica una acusación legal" *(Tacita condonatio habetur, si coniux innocens, postquam de crimine adulterii certior factus est, cum altero coniuge sponte, maritali affectu, conversatus fuerit; praesumitur vero, nisi sex intra menses coniugem adulterum expulerit vel dereliquerit, aut legitimam accusationem fecerit).*

P.: Ante un adulterio, el consorte inocente, ¿puede siempre repeler o aceptar al otro, con entera libertad?

R.: Según el canon 1.130, "puede admitirle o rechazarle libremente, a no ser que por propio consentimiento él haya abrazado entre tanto el estado contrario al matrimonio" *(potest autem eumdem admittere aut revocare, nisi ex ipsius consensu ille statum matrimonio contrarium susceperit).*

P.: En concreto, ¿cuáles son las causas canónicas

que legitiman la llamada "separación de lecho" (o sea la *separatio tori)*?

R.: Según el canon 1.131, tales causas son las siguientes: "Si el otro cónyuge inscribe su nombre en una secta acatólica, si educare acatólicamente a la prole, si lleva una vida criminal e ignominiosa, si infiriera al otro grave peligro ora corporal ora anímico, si con crueldades hace muy difícil la vida común y si concurren otras circunstancias del mismo género" *(si alter coniux sectae acatholicae nomen dederit, si prolem acatholicae educaverit, si vitam criminosam et ignominiosam ducat, si grave seu animae seu corporis periculum alteri facessat, si saevitiis vitam communem nimis difficilem reddat, haec aliaque id genus).* Y repárese en que la enumeración es simplemente indicativa, no exhaustiva, según evidencian sus últimas palabras.

Segunda Parte

LA SOCIEDAD PATERNO-FILIAL Y SUS NORMAS

1. Grupos de instituciones a considerar

Así como la sociedad matrimonial —desde siempre y con razón— viene siendo considerada cual el tronco genuino de la sociedad familiar, así también la sociedad paterno-filial viene a encarnar su auténtica ramificación: de ahí que los árboles genealógicos de las distintas familias nobiliares, amén de puntualizar los sucesivos matrimonios que cada generación aporta a la estirpe en cuestión, enumere asimismo la descendencia de esos matrimonios.

Partiendo de tales presupuestos, nada tiene de particular que el Código Civil español —tras las diez secciones consagradas a los matrimonios canónico y civil, estudiadas en la primera parte de nuestro libro— dedique otros nueve capítulos a la sociedad paterno-filial, cuatro bajo el epígrafe "De la paternidad y filiación" (título 5.° del libro 1.°) y otros cinco bajo el título "De la patria potestad" (título 7.° del libro 1.°, después de un título 6.° que será estudiado en la tercera parte de nuestro libro y que versa acerca "De los alimentos entre parientes").

Pues bien, de esos nueve capítulos, uno tras otro van a ocuparnos en nuestro estudio de la sociedad paterno-filial y exceptuando únicamente el último (referente a la adopción, cuyas normas serán estudiadas en los *Apéndices*, al final de esta obra). Primeramente, he aquí los capítulos comprendidos en el título 5.°: "De los hijos legítimos" (capítulo 1.°, artículos 108-114), "De las pruebas de la filiación de los hijos legítimos" (capítulo 2.°, artículos 115-118), "De los hijos legitimados" (capítulo 3.°, artículos 119-128) y "De los hijos ilegítimos" (capítulo 4.°, artículos 129-141). Y paralelamente, he aquí los capítulos contenidos en el título 7.°: "De la patria potestad en general" (capítulo 1.° o "Disposición general", artículo 154, norma única con dos jugosísimos párrafos que valen por fundamentales artículos), "Efectos de la patria potestad respecto a las personas de los hijos" (capítulo 2.°, artículos 155-158), "De los efectos de la patria potestad respecto a los bienes de los hijos" (capítulo 3.°, artículos 159-166) y "De los modos de acabarse la patria potestad" (capítulo 4.°, artículos 167-171).

Sin embargo, algo habrá que distinguirá básicamente a esta parte segunda de nuestro libro respecto de la anterior. Por imperativos de la temática matrimonial, allí se impuso ir cotejando las disposiciones del Código Civil y sus homólogas del Código de Derecho Canónico: mientras que, por el contrario, se pudo prescindir del derecho foral (habida cuenta de que, en derecho matrimonial, las llamadas "leyes civiles forales" se abstienen en absoluto de cualquier discriminación). La sociedad paternofilial en cambio va a determinar que, el lugar antes ocupado por las referencias canónicas, sea sustituido por otras análogamente frecuentes al derecho catalán, ya que sus peculiaridades forales son sobradamente importantes y han hallado dignísimos reflejos en la Compilación del Derecho Civil Especial de Cataluña, cuyo título primero (dentro de un libro primero rotulado *De la familia*) se intitula precisamente *De la filiación*, mediante un grupo de normas que hallan luego repetidos complementos en los sucesivos capítulos de la propia Compilación, cuyos artículos se elevan a 343 —más varias disposiciones suplementarias (finales, adicionales y transitorias)—, o sea a un número equivalente con aproximación a la quinta parte de las 1.976 normas del Código Civil. Y sin más preámbulos, demos vía libre a las secciones anunciadas.

Sección 1.ª: LOS HIJOS LEGITIMOS

2. Explicación general

En derecho romano, tres eran las situaciones jurídicas fundamentales: la condición de libertad o *status libertatis*, en cuya esfera los hombres se dividían en libres y esclavos, pero con una serie de categorías intermedias (peregrinos, libertos, colonos, etc.); la condición de ciudadanía o *status civitatis*, en cuyo terreno la distinción primaria contraponía a los ciudadanos plenos o romanos frente a los no ciudadanos o extranjeros, pero existiendo también categorías intermedias (latinos arcaicos, latinos coloniales, latinos junionianos, etc.); y la condición de familia o *status familiae*, ante la cual el distingo máximo mediaba entre el padre de familia o persona de jurisdicción propia *(paterfamilias... sui iuris individuum)* y el hijo de familia o persona de jurisdicción ajena *(filiusfamilias.. alieni iuris individuum)*.

Siguiendo al conocido romanista profesor Juan Iglesias Santos, cabe definir a la condición familiar o *status familiae* como "la situación en que se encuentra un hombre libre y ciudadano (es decir, participante de la *civitas libertasque)* con relación a una determinada familia": de lo cual se deriva que "la distinta situación en la familia y no la situación misma —el *status*— puede influir sobre la capacidad jurídica, en el sentido de aumentarla o disminuirla".

Vayamos por partes, para mayor claridad, y siguiendo siempre las oportunas puntualizaciones del profesor Santos, dado que "tanto un *paterfamilias* como un *filiusfamilias* tienen un estado familiar, pero sólo el primero es plenamente capaz". En otras palabras, "el *homo sui iuris* es llamado *paterfamilias*, sin que tal denominación haga referencia al hecho de que tenga o no hijos, ni tampoco al de que sea o no mayor de edad".

Tales perfilamientos resultan importantes, porque en las legislaciones modernas a falta del padre pasa a ser cabeza de familia la madre —según veremos dentro de poco—, algo inconcebible para nuestros abuelos los romanos. Entre ellos, "la condición de *paterfamilias* sólo se predica respecto del varón no sujeto al poder familiar... De tal posibilidad está excluida la mujer, aunque sea *sui iuris*". Para llegar a la plenitud de derechos familiares, caben dos caminos: o bien ser "individuo que carece de ascendientes legítimos varones", o bien haber "salido de la potestad bajo cuya dependencia se encontraba" (caso este último del emancipado o *e-mancipatus*, el *extraído* de la aludida potestad o *mancipium)*.

Por su parte, los hijos de familia "son plenamente capaces en orden al derecho público... y a las relaciones de la familia natural. Así, por ejemplo, pueden alcanzar la magistratura, ser tutores y contraer matrimonio". En lo judicial, "se admite su comparecencia en juicio, si bien en la sola calidad de demandados y en manera que la ejecución de la sentencia no tiene lugar hasta el momento en que salen de la *patria potestas*" (es decir, del poder paterno). En lo económico, "carecen de capacidad patrimonial activa, de suerte que todo lo adquirido por ellos revierte al patrimonio del *pater*". Y en lo contractual, "el extraño que contrata con un *fi-*

liusfamilias puede dirigirse contra el *pater* mediante ciertas acciones pretorias incorporadas o adicionadas a lo civil".

Otros varios pormenores cabría colacionar en torno a esos seres llamados por los romanos —con denominaciones helenizantes y solemnizadoras— padre de familia o *paterfamilias* e hijo de familia o *filiusfamilias*. A no dudarlo, el influjo combinado de las convicciones cristianas y de las tendencias igualadoras del discurrir de los tiempos, han dejado su huella jurídica hasta llegar a las concepciones actuales: mas con lo dicho parece haberse expuesto lo suficiente como para concebir la sociedad paterno-filial (en sus orígenes romanos acabados de sintetizar y en sus derivaciones posteriores que pasaremos a analizar) cual la natural prolongación de la sociedad matrimonial, sobre todo cuando de hijos legítimos se trata, según ocurre en la presente sección.

3. Los hijos legítimos y el Código Civil

Artículo 108. **Se presumirán hijos legítimos los nacidos después de los ciento ochenta días siguientes al de la celebración del matrimonio y antes de los trescientos días siguientes a su disolución o a la separación de los cónyuges. — Contra esta presunción no se admitirá otra prueba que la de la imposibilidad física del marido para tener acceso con su mujer en los primeros ciento veinte días de los trescientos que hubiesen precedido al nacimiento del hijo.**

En vez de insistir sobre los plazos enunciados en esta norma, que hablan por sí mismos en cuanto fundamentados sobre la biología humana, más adecuado parece puntualizar dos extremos: de un lado, que sus preceptos rigen en derecho foral y especialmente en derecho catalán, según criteriología del Tribunal Supremo (14 de febrero de 1894); y de otro, que el artículo en conjunto viene a ser eco del principio canonista según el cual "padre es aquel a quien respaldan las correspondientes nupcias" (canon 1.115, *pater is est quem iustae nuptiae demonstrant*).

Artículo 109. **El hijo se presumirá legítimo, aunque la madre hubiese declarado contra su legitimidad o hubiese sido condenada como adúltera.**

Insistiendo sobre esta ineficacia de la oposición de la madre a la indicada presunción legal de legitimidad, una resolución de la fiscalía del Tribunal Supremo ha ordenado que —pese a tal oposición— debe hacerse constar, en el acta de todo nacimiento ocurrido dentro de los plazos señalados en la norma precedente, la cualidad de ser legítimo el hijo (28 de octubre de 1915).

Artículo 110. **Se presumirá legítimo el hijo nacido dentro de los ciento ochenta días siguientes a la celebración del matrimonio, si concurriere alguna de estas circunstancias: 1.ª Haber sabido el marido, antes de casarse, el embarazo de su mujer. — 2.ª Haber consentido, estando presente, que se pusiera su apellido en la partida de nacimiento del hijo que su mujer hubiese dado a luz. — 3.ª Haberlo reconocido como suyo expresa y tácitamente.**

Según el Tribunal Supremo, corresponde al hijo que reclama la prueba de alguna de esas circunstancias posibilitadoras de la legitimidad (12 de diciembre de 1894). Y en Cataluña rige la siguiente norma: "La acción para la declaración judicial de paternidad o maternidad corresponderá únicamente al hijo durante su vida. Excepcionalmente podrá ejercitarla cualquier descendiente suyo cuando aquél hubiera fallecido después de entablar judicialmente la acción o siendo menor de edad no se hubiere promovido" (Compilación Catalana, 4-II).

Artículo 111. **El marido o sus herederos podrán desconocer la legitimidad del hijo nacido después de transcurridos trescientos días desde la disolución del matrimonio o de la separación legal efectiva de los cónyuges; pero el hijo y su madre tendrán también derecho para justificar, en este caso, la paternidad del marido.**

Mientras en derecho común la prueba de la legitimidad corresponde al hijo o a la madre que la afirmen (3 de abril de 1893 y 18 de junio de 1900), en Cataluña rige el siguiente precepto: "La acción para la declaración judicial de paternidad o maternidad, si el padre o la madre hubieran fallecido, podrá dirigirse contra sus herederos" (Compilación Catalana, 4-III).

Artículo 112. **Los herederos sólo podrán impugnar la legitimidad del hijo en los casos siguientes: 1.º Si el marido hubiese fallecido antes de transcurrir el plazo señalado para deducir su acción en juicio. — 2.º Si muriese después de presentada la demanda, sin haber desistido de ella. — 3.º Si el hijo nació después de la muerte del marido.**

Atendiendo al derecho comparado, esta norma halla correlativas tanto en el Código francés como en el Código suizo (arts. 317 y 256), mientras que atendiendo al derecho foral el precepto vigente en Cataluña es éste: "La acción para impugnar la filiación natural o cualquier otra ilegítima corresponde a los que por ella resulten afectados; puede ejercitarse desde que el hijo disfrute de la condición que se impugna y caduca a los cuatro años" (Compilación Catalana, 5).

Artículo 113. **La acción para impugnar la legitimidad del hijo deberá ejercitarse dentro de los dos meses siguientes a la inscripción del nacimiento en el Registro, si se hallare en el lugar del marido, o en su caso cualquiera de sus herederos. — Estando ausentes, el plazo será de tres meses si residieren en España; y de seis si fuera de ella. Cuando se hubiere ocultado el nacimiento del hijo, el término empezará a contarse desde que se descubriere el fraude.**

Acaso por lo mismo que en derecho común los plazos acabados de enumerar perjudican sólo al marido y a sus herederos, en derecho catalán la simplificada norma homóloga viene a decir: "Los hijos nacidos fuera de matrimonio podrán promover las acciones conducentes a la investigación, prueba y declaración de su filiación y exigir de sus padres el cumplimiento de las obligaciones que tal condición les impone" (Compilación Catalana, 4-I).

Artículo 114. **Los hijos legítimos tienen derecho: 1.° A llevar los apellidos del padre y de la madre. — 2.° A recibir alimentos de los mismos, de sus ascendientes y en su caso de sus hermanos, conforme al artículo 143. — 3.° A la legítima y demás derechos sucesorios que este Código les reconoce.**

Aparte de recordar las múltiples normas sucesorias que afectan a los hijos legítimos dentro del propio Código Civil (arts. 613, 614, 651, 654, 807, 930, 1.340 y 1.341) —pues mejor será dejar para más adelante lo concerniente a los alimentos debidos—, he aquí lo previsto en Cataluña al respecto: "Son legitimarios los hijos legítimos por partes iguales, representando a los premuertos sus respectivos descendientes legítimos por estirpes" (Compilación Catalana, 124-I).

4. Cuestiones prácticas sobre los hijos legítimos

Pregunta: ¿Rige o no en Cataluña la prohibición, tradicional en derecho común español, relativa a que no procede ninguna investigación acerca de la paternidad?

Respuesta: Tal prohibición no ha estado nunca vigente en derecho catalán, por aplicarse las *Decretales* del papa Gregorio IX (lib. IV, tít. 17), y así lo ha reconocido el Tribunal Supremo mediante el siguiente alegato: "Considerando que el derecho canónico se mantuvo siempre atento a los principios proclamados por la Iglesia sobre fraternidad humana e igualdad esencial de todos los hombres en su origen, y no transigió nunca con la desviación de la teoría de la culpa que pudiere llevar a descargar únicamente en los hijos las consecuencias de actos ilícitos de los padres... a la vez que se mantuvo en vanguardia propugnando el enaltecimiento y amparo del matrimonio, incluso frente a la legislación civil que en momento alguno transigió con el concubinato, ha creído aplicar normas acogedoras de caridad a los hijos ilegítimos, en términos de conciliación que implica en lo inevitable la menor perturbación en la unión matrimonial" (5 de julio de 1944).

P.: La imposibilidad física del marido para tener acceso con su mujer, sobre la que habla el artículo 108 del Código, ¿qué modalidades puede revestir?

R.: Según el Tribunal Supremo, dos modalidades fundamentales: no sólo la impotencia, sino además la ausencia de uno de los cónyuges (29 de enero de 1890 y 4 de julio de 1914).

P.: La partida de nacimiento en la que ha de consentir el padre que se ponga su apellido al hijo, para que se repute legítimo a tenor del artículo 110 del Código, ¿es la canónica o la civil?

R.: Con toda seguridad, es la del Registro Civil, no la de los libros parroquiales (12 de diciembre de 1894).

P.: El derecho al apellido, regulado en el artículo 114 del Código, ¿merece alguna calificación especial?

R.: Irrenunciable e imprescriptible: así ha sido calificado por el Tribunal Supremo (16 de junio de 1916).

P.: ¿Puede anteponerse el apellido de la madre frente al del padre, sin acogerse previamente al expediente jurídico que legitime tal anteposición?

R.: Según una resolución de la fiscalía del Tribunal Supremo, sin tal requisito previo no puede ello hacerse... aun cuando son notorios los abusos en tal esfera cuando el segundo apellido es más ilustre que el primero (31 de diciembre de 1914).

P.: El crédito, autoridad o prestigio del padre, ¿pasan o no a los hijos legítimos?

R.: Según el Tribunal Supremo, constituyen patrimonio moral indivisible de todos los hijos legítimos (11 de julio de 1918).

Sección 2.ª: PRUEBAS DE LA FILIACION DE LOS HIJOS LEGITIMOS

5. Explicación general

Llegado parece el momento de introducirnos en la amplia temática del parentesco, institución que se inicia —según es sabido— a partir de la filiación legítima y de las instituciones que la complementan.

Parentesco es, según el civilista Covián, el vínculo establecido por la naturaleza entre personas que descienden unas de otras y que tienen un autor común (esta idea refleja, además, en sentido estricto, a la consanguinidad sobre la que más adelante se insistirá).

Clasifícase el parentesco en natural, civil y espiritual, subdividiéndose el primero así: inmediato o de consanguinidad (llamado "cognación" por los romanos y vulgarmente parentesco de sangre) y derivado o por afinidad, al que se asimila el cuasi-parentesco o cuasi-afinidad (vulgarmente llamados, en conjunto, parentescos políticos).

La consanguinidad puede ser legítima o ilegítima, según que tenga su fundamento en el matrimonio o en instituciones fuera de él. Uno y otro pueden ser de doble vínculo —o sea "parentesco por parte del padre y de la madre conjuntamente" (artículo 920 del Código Civil)— y de vínculo sencillo, cuando sólo afecta a uno de los progenitores: por ejemplo, a los hermanos de doble vínculo se les llama "germanos", a los hermanos sólo de padre "consanguíneos" y a los hermanos sólo de madre "uterinos" (tecnicismos del artículo 211 del propio Código).

La afinidad que procede del matrimonio, en sentido estricto, es la "legítima", mientras que se llama natural o ilegítima la que deriva de cópula ilícita y que sólo tiene influencia en cuanto a impedir contraer determinados matrimonios (reflejada en el artículo 84 del Código). En conjunto, puede valorarse como proyección de la consanguinidad y definirse —siguiendo a Castán— con estas palabras: "Parentesco que se contrae, por virtud del matrimonio o de cópula ilícita, entre el varón y los parientes de la mujer, y entre ésta y los parientes del varón". Obvio resulta indicar que aquí se incluyen los suegros o padres políticos, las suegras o madres políticas, los yernos o hijos políticos, las nueras o hijas políticas, los cuñados o hermanos políticos, etcétera.

La cuasi-afinidad o cuasi-parentesco venía a originarse —en derecho histórico español— por el matrimonio rato no consumado o por los esponsales válidos, pero el Código Civil ha prescindido de tal institución y el Código de Derecho Canónico lo ha circunscrito a los siguientes casos: ora al parentesco que nace del matrimonio inválido consumado o no, ora al que nace del público y notorio concubinato, pero no de los esponsales (canon 1.078 del *Codex Iuris Canonici*).

El parentesco civil, paralelamente, es el resultante de la adopción sea entre el adoptante y el adoptado, sea entre éste y los familiares de aquél (casos aludidos por el artículo 84 del Código Civil, en tanto que impedimentos matrimoniales).

El parentesco religioso o espiritual, finalmente, es el resultante de la administración de los sacramentos del bautismo y de la confirmación: no se refleja en el Código Civil, pero sí en el Código de Derecho Canónico (cánones 768, 797 y 1.079), donde se insiste en el doble parentesco que contraen con el bautizado quien lo bautiza y quien lo apadrina.

Y dejando para la glosa de los artículos correspondientes el pormenorizar determinadas normas registrales, tras las precedentes puntualizaciones bien se podrá seguir hacia delante.

6. Las pruebas de la filiación de los hijos legítimos y el Código Civil

Artículo 115. **La filiación de los hijos legítimos se prueba por el acta de nacimiento extendida en el Registro Civil, o por documento auténtico o sentencia firme, en los casos a que se refieren los artículos 110 al 113 del capítulo anterior.**

Según criterio del Tribunal Supremo, aplicable en derecho foral y en derecho común sin distinciones, la prueba principal de la filiación legítima es el matrimonio de los padres: sólo en su defecto hay que acudir a los restantes medios de prueba (24 de junio de 1897). No se olvide que el propio Código Civil preceptúa (artículo 326): "El Registro del estado civil comprenderá las inscripciones o anotaciones de nacimientos, matrimonios, emancipaciones, reconocimientos y legitimaciones, defunciones, naturalizaciones y vecindad" (es decir, que en los lugares primero y segundo, ubica precisamente a los nacimientos y los matrimonios).

Artículo 116. **A falta de los títulos señalados en el artículo anterior, la filiación se probará por la posesión constante del estado de hijo legítimo.**

Esta norma viene a ser eco de aquella otra del propio Código a cuyo tenor "cuando no haya ley exactamente aplicable al punto controvertido, se aplicará la costumbre del lugar y en su defecto los principios generales del Derecho" (art. 6-II): a la vez que viene a ser una síntesis de preceptos del vecino país (Código francés, arts. 320-322), donde se valoran como hechos reveladores de la posesión constante del estado de hijo legítimo —entre otros— el haber llevado el hijo siempre el nombre del padre, el haberle tratado éste como tal hijo y atendido a su educación, el habérsele considerado siempre legítimo tanto en sociedad como dentro de la familia, etc.

Artículo 117. **En defecto de acta de nacimiento, de documento auténtico, de sentencia firme o de posesión de estado, la filiación legítima podrá probarse por cualquier medio, siempre que haya un principio de prueba por escrito que provenga de ambos padres conjunta o separadamente.**

Según la Ley del Registro Civil (art. 45), las inscripciones de los nacimientos deben realizarse "dentro de tres días, a contar desde aquel en que hubiese tenido lugar el nacimiento": ocurriendo que muchas familias descuidadas sobrepasan excesivamente tal plazo, con las complicaciones correspondientes; y de ahí que el Tribunal Supremo reconozca la facultad de los juzgados de acudir a otros medios de prueba (15 de diciembre de 1924).

Artículo 118. **La acción que para reclamar su legitimidad compete al hijo dura toda la vida de éste y se transmitirá a sus herederos si falleciere en la menor edad o en estado de demencia. En estos casos tendrán los herederos cinco años de término para entablar la acción. — La acción ya entablada por el hijo se transmi-**

te por su muerte a los herederos si antes no hubiese caducado la instancia.

En Cataluña, según ya quedó aludido de pasada en el apartado 3.º, el plazo es algo menor: cuatro años (Compilación Catalana, 5).

7. Cuestiones prácticas sobre las pruebas de la filiación

Pregunta: A tenor del artículo 115, ¿puede considerarse documento auténtico una partida de bautismo declarada falsa civilmente?

Respuesta: Según el Tribunal Supremo, ni constituye documento auténtico, ni puede tampoco aducirse como prueba de otro tipo (28 de marzo de 1896).

P.: Según el mismo artículo, ¿qué valor puede reconocerse a las partidas de bautismo anteriores a 1870 y al registro del estado civil?

R.: Tales partidas dan fe sólo del hecho del nacimiento y no garantizan por sí mismas la filiación legítima, pues admiten en cuanto a ella prueba en contrario (13 de julio de 1899 y 20 de marzo de 1919).

P.: El padre que ha inscrito a su hijo como legítimo, ¿puede contradecir luego su reconocimiento sin faltar al artículo 116?

R.: No puede hacerlo, según el Tribunal Supremo, pues iría contra sus propios actos (5 de enero de 1900).

P.: La posesión constante del estado de hijo legítimo, descrita en ese mismo artículo y corroborada ante cierta persona tanto por su madre como por su hermano, ¿pueden contradecirla luego esos parientes?

R.: Siempre según el Tribunal Supremo, tal posesión constituye presunción de legitimidad y no pueden tales parientes contradecirla después, pues irían contra sus propios actos (7 de mayo de 1919).

P.: A tenor del artículo 118, ¿es posible que un hijo impugne su propia acta de nacimiento?

R.: La impugnación de un acta de nacimiento, por el hijo que la considera falsa, está autorizada precisamente por tal artículo (20 de marzo de 1919).

P.: A tenor de la misma norma, los terceros que adquieren por cesión o venta determinados derechos hereditarios, ¿pueden o no ejercitar la propia acción?

R.: No pueden ejercitarla, pues sólo es transmisible "a sus herederos, si falleciere en la menor edad o en estado de demencia", según la letra del artículo invocado (29 de octubre de 1928).

Sección 3.ª: LOS HIJOS LEGITIMADOS

8. Explicación general

Dos preceptos canónicos nos salen al encuentro, a propósito de matrimonios posteriores al nacimiento de determinados hijos y que les convierten en legitimados, equiparables en casi todo a los legítimos.

De un lado, preceptúase que "se consigue una prole legítima mediante el matrimonio subsiguiente de los padres, sea verdadero o putativo, sea nuevamente contraído o convalidado, aun cuando no haya sido consumado y con tal que los padres fueren hábiles para contraer matrimonio entre sí al tiempo de la concepción, o de la gestación, o del nacimiento" (canon 1.116: *Per subsequens parentum matrimonium sive verum, sive putativum, sive noviter contractum sive convalidatum, etiam non consummatum, legitima efficitur proles, dummodo parentes habiles extiterint ad matrimonium inter se contrahendum tempore conceptionis, vel pregnationis, vel nativitatis).* Ante tal norma, se impone reconocer que en verdad es prudente a la par que justa, por cuanto prevé una multiplicidad de casuísticas posibles ante tan delicada materia: con amplitud por cierto muy superior a la de nuestro Código Civil, donde para que los hijos sean naturales o legitimables se exige que sus padres pudieran contraer matrimonio "al tiempo de la concepción" (art. 119), excluyéndose a estos efectos los tiempos de la gestación o preñez y del nacimiento o parto. Como consecuencia, bastantes hijos que pueden quedar legitimados según el derecho canónico y también según el derecho catalán —eco suyo en nuestra península, dentro de esta esfera al igual que en otras muchas— no pueden serlo, en cambio, según el derecho común español: por ejemplo, los llamados "hijos adulterinos" (por línea paterna, o materna, o doble) cuyos progenitores o progenitor no hubieren pasado por la viudez de su anterior vínculo al ser ellos concebidos, aunque tal viudez les sobrevenga antes de nacer; y otro ejemplo no menos clásico es el de los denominados "hijos sacrílegos" (también por línea paterna, o materna, o doble) cuyos progenitores o progenitor no hubieren recibido la dispensa exigida de su anterior profesión religiosa al ser ellos concebidos, aunque tal dispensa les sobrevenga antes igualmente de su nacimiento.

De otra parte, establécese que "los hijos legitimados mediante subsiguiente matrimonio, en cuanto atañe a efectos canónicos, resultan en todo equiparados a los legítimos a no ser que expresamente se hubiera condicionado algo distinto" (canon 1.117: *Filii legitimati per subsequens matrimonium, ad effectus canonicos quod attinet, in omnibus aequiparantur legitimis nisi aliud expresse cautum fuerit)*, precepto en cuyo seno la prudencia vuelve a acompañar a la justicia visiblemente, pues sin excluir condicionamientos excepcionales que pueden venir impuestos por el vivir mismo, fija el principio general de una igualación antidiscriminatoria muy digna de loa. También en lo civil, como veremos más adelante, se aceptan cautelas similares (glosa al art. 122), no en vano la historia de España está llena de legitimaciones de hijos más o menos afortunadas, desde las concedidas por

Alfonso XI de Castilla a sus bastardos los Trastámara —continuadores luego de su egregia estirpe— hasta la otorgada póstumamente a Juan de Austria por su egregio padre el césar Carlos, usualmente llamado I de España y V de Alemania.

Y tras rememorar que los cánones transcritos pertenecen a un capítulo sobre "efectos del matrimonio" cuyas restantes prescripciones, no menos importantes, han sido ya analizadas con anterioridad (en el apartado 11 de la primera parte del presente libro), veamos sin demora cómo enfoca estas mismas temáticas u otras análogas el Código Civil español.

9. Los hijos legitimados y el Código Civil

Artículo 119. **Sólo podrán ser legitimados los hijos naturales. — Son hijos naturales los nacidos fuera de matrimonio, de padres que al tiempo de la concepción de aquéllos pudieron casarse sin dispensa o con ella.**

En Cataluña, según insistentes sentencias del Tribunal Supremo y tal como se inició ya en el apartado precedente, no rige este capítulo del Código Civil sino el Código de Derecho Canónico (21 de marzo de 1867, 13 de mayo de 1902, 6 de abril de 1905, 16 de octubre de 1906 y 4 de mayo de 1907). Adviértase además que los hijos extramatrimoniales, en conjunto, se agrupan en dos sectores: los legitimables o naturales y los no legitimables o ilegítimos, a estudiar sucesivamente en la presente sección o en la inmediata posterior.

Artículo 120. **La legitimación tendrá lugar: 1.° Por el subsiguiente matrimonio de los padres. — 2.° Por concesión del Jefe del Estado.**

Ante estos dos procedimientos y prescindiendo del

segundo o "extraordinario", interesa puntualizar que el primero, u "ordinario", convierte a la partida matrimonial en el documento auténtico que justifica la legitimación (11 de abril de 1898).

Artículo 121. **Sólo se considerarán legitimados por subsiguiente matrimonio los hijos que hayan sido reconocidos por los padres antes o después de celebrado.**

Según el Tribunal Supremo, la legitimación por subsiguiente matrimonio eleva al hijo natural hasta la condición de legítimo (5 de enero de 1900). En Cataluña, rige además la siguiente norma: "Los hijos naturales son legitimarios en la sucesión de su madre en todo caso; en la de su padre, sólo si éste no deja al morir hijos o descendientes legítimos. En ambas sucesiones, en lugar de los hijos naturales premuertos al causante, serán legitimarios los descendientes legítimos de éstos por derechos de representación y división de estirpes" (Compilación Catalana, 126-I).

Artículo 122. **Los legitimados por subsiguiente matrimonio disfrutarán de los mismos derechos que los hijos legítimos.**

Dos excepciones cabe señalar a esta norma. Por un lado, en derecho común, la equiparación no extiende a los derechos vinculares y nobiliarios (19 de enero de 1924). Por otra parte, en Cataluña destacan las siguientes discriminaciones (Compilación Catalana, 126-II y 125): "La legítima de los hijos naturales en la sucesión de su madre, si concurren con hijos o descendientes legítimos, estará sujeta a las mismas limitaciones que el artículo anterior establece en análogo caso para los hijos adoptivos... La legítima de cada hijo adoptivo no podrá exceder de la porción viril que resulte de dividir una cuarta parte del valor líquido de la herencia por el número de aquéllos, sumado al de los hijos legítimos y estirpes de descendientes legítimos de padre muerto" (aquí se han yuxtapuesto las dos normas del caso, la invocadora y la invocada, para mayor claridad).

Artículo 123. **La legitimación surtirá sus efectos, en todo caso, desde la fecha del matrimonio.**

Pese a esta norma, una sentencia de la Sala de lo Contencioso-Administrativo del Tribunal Supremo declara la retroacción de tales efectos a la fecha del nacimiento del legitimado, en lo que le favorece (30 de enero de 1890).

Artículo 124. **La legitimación de los hijos que hubiesen fallecido antes de celebrarse el matrimonio aprovechará a los descendientes.**

Atendiendo al derecho comparado, esta norma se conexiona con otras similares de los Códigos Civiles francés (art. 196) y suizo (arts. 260 y 263).

Artículo 125. **Para la legitimación por concesión del Jefe del Estado deberán concurrir los requisitos siguientes: 1.º Que no sea posible la legitimación por subsiguiente matrimonio. — 2.º Que se pida por los padres o por uno de éstos. — 3.º Que el padre o madre que la pida no tenga hijos legítimos ni legitimados por subsiguiente matrimonio, ni descendientes de ellos. — 4.º Que si el que la pide es casado, obtenga el consentimiento del otro cónyuge.**

Completando esta norma, existe un reglamento fechado el 7 de enero de 1901 sobre procedimiento a seguir que en síntesis es el siguiente (arts. 49 a 53): solicitud al Ministerio de Justicia con certificación del acta de nacimiento y documentos; remisión del expediente al juez o tribunal competente para la práctica de la información exigida, a efectuar por conducto de la Audiencia

Territorial; resolución por orden comunicada al tribunal que hubiere recibido la información; e inscripción en el Registro Civil.

Artículo 126. **También podrá obtener la legitimación por concesión del Jefe del Estado el hijo cuyo padre o madre, ya muertos, hayan manifestado en su testamento o en instrumento público su voluntad de legitimarlo. con tal que concurra la condición establecida en el número 3.º del artículo anterior.**

Según una exposición de la fiscalía del Tribunal Supremo, los tribunales no pueden acordar la nulidad del rescripto de legitimación, pero sí resolver sobre la filiación natural o ilegítima: de esta suerte, los interesados pueden luego acudir al Jefe del Estado, para pedir la anulación del rescripto otorgado bajo supuesto erróneo (15 de setiembre de 1898).

Artículo 127. **La legitimación por concesión da derecho al legitimado: 1.º A llevar el apellido del padre o de la madre que la hubiese solicitado. — 2.º A recibir alimentos de los mismos, en la forma que determina el artículo 143. — 3.º A la porción hereditaria que se establece en este Código.**

La legitimación por concesión, con anterioridad al Código Civil, se regía por muy complejas normas y entre ellas destacan las siguientes: el *Fuero Real* (lib. III, título 6, leg. 17), las *Partidas III*ª (tít. XVIII, leg. 9) y *IV*ª (tít. XV, leg. 4 y 9), la *Ley de Gracias* de 14 de abril de 1838 y la *Real Orden de Gracias* de 19 de abril de 1838. Con posterioridad al propio Código, sus normas al respecto han venido a ser completadas por el ya aludido reglamento del Ministerio de Justicia de 7 de enero de 1901, al que deben acudir hoy cuantos se hallan interesados en la materia.

Artículo 128. **La legitimación podrá ser impugnada por los que se crean perjudicados en sus derechos, cuando se otorgue a favor de los que no tengan la condición legal de hijos naturales o cuando no concurran los requisitos señalados en este capítulo.**

La expresión "los que no tengan la condición legal de hijos naturales" alude obviamente a los hijos adulterinos, o sacrílegos, etc. —aquellos que en principio resultan "ilegitimables" porque sus progenitores no podían hallarse casados al procrearlos y en consecuencia "denigrables" (de ahí las crueles advocaciones populares de "bastardos", o de "espúreos", etc.)—, mientras la expresión "los que se crean perjudicados en sus derechos" excluye, según el Tribunal Supremo, a los parientes que no son herederos forzosos del testador (24 de diciembre de 1913).

10. Cuestiones prácticas sobre los hijos legitimados

Pregunta: Los hijos nacidos antes del Código Civil que al tiempo de la concepción eran adulterinos, pero al del parto naturales, ¿pueden o no ser legitimados?

Respuesta: Trátase de algo discutido por múltiples civilistas y que tiene trascendencia en determinados árboles genealógicos, si bien el Tribunal Supremo ha zanjado la cuestión afirmativamente (11 de abril de 1898), alegando que sobre la materia regían entonces las Leyes de Toro (leg. XI).

P.: ¿Ocurre lo mismo con los hijos nacidos también antes del Código de padres que necesitaban dispensa para casarse?

R.: Ocurre exactamente lo contrario, pues según la aludida Ley XI de Toro tales hijos no eran naturales (9 de abril de 1904).

P.: En Cataluña, los hijos nacidos de padres que en

el momento de la concepción podían casarse con dispensa, ¿son legitimables o no?

R.: Sí que lo son, por su condición de naturales, ya que en virtud de la legislación canónica pueden quedar legitimados por subsiguiente matrimonio; tal fue el caso del hijo de un fraile enclaustrado —dispensado luego, por el Papa, de su voto de castidad— y de una mujer soltera, con la que posteriormente se casó (2 de junio de 1891, sentencia aplicadora de las *Decretales* de Gregorio IX, lib. IV, cap. 6, leg. 17).

P.: Tras haber sido legitimado un hijo natural, ¿caben luego ulteriores investigaciones acerca de su paternidad?

R.: No caben en principio, como no sea para justificar cumplidamente que no es hijo de la persona que lo reconoció, por no haber podido procrearle o por serlo de tercera persona (5 de enero de 1900).

P.: Las legitimaciones de hijos, ¿pueden hacerse mediante escrituras públicas notariales?

R.: Sólo pueden extenderse tales escrituras si ha mediado confirmación judicial, a tenor de una importante resolución de la fiscalía del Tribunal Supremo (25 de octubre de 1912).

P.: Los legitimados por concesión del Jefe del Estado, a los efectos de percibir pensiones, ¿adquieren o no los correspondientes derechos?

R.: Dos importantes sentencias de la Sala de lo Contencioso-Administrativo del Tribunal Supremo han venido a establecer la siguiente distinción: cuando se trata de pensiones de montepío, carecen de tales derechos; y los poseen, en cambio, cuando se trata de pensiones del Estado o del Tesoro (21 de diciembre de 1892 y 22 de febrero de 1901).

Sección 4.ª: LOS HIJOS ILEGITIMOS

11. Explicación general

Dentro del capítulo "De los hijos ilegítimos" (cap. 4.º del tít. V del libro primero que nos viene ocupando), el Código Civil incluye dos subcapítulos que quedarán fusionados en nuestro análisis: el que versa acerca "del renocimiento de los hijos naturales" (arts. 129 a 138) y el que discurre acerca "de los demás hijos ilegítimos" (artículos 139 a 141). La temática de éste viene a continuar la de aquél y, en conjunto, hallan su correlativo en un par de normas de la Compilación Catalana (arts. 127 y 128) que también serán examinadas.

Por cierto que, antes de seguir adelante y dado su interés tanto para la presente sección como para las ulteriores, no parece aconsejable demorar por más tiempo el recordar que existen dos sistemas o procedimientos para la computación del parentesco: el civil y el canónico, reflejados en los respectivos Códigos mediante normas que no será preciso puntualizar, aunque sí convendrá extractarlas en sus directrices genéricas.

El sistema civil conserva el principio emanado del derecho romano por el cual el parentesco ofrece "tantos grados cuantas generaciones" *(tot gradus quod generationes)*. De esta suerte, en las líneas familiares se cuentan tantos grados cuantas generaciones o personas intervengan (en verticalidad única cuando el parentesco se ofrece en línea recta y en verticalidad doble cuando es colateral), pero descontando una unidad: por ejemplo, en el "parentesco recto" el hijo dista un grado del padre, dos del abuelo, tres del bisabuelo o abuelo segundo, cuatro del tatarabuelo o abuelo tercero, etc.; y en el "parentesco colateral" cada individuo dista dos grados del hermano, tres del tío carnal o del sobrino carnal, cuatro del tío abuelo o del primo hermano, etc.

El sistema canónico o eclesiástico tiene sus orígenes en el antilegalista derecho germánico y coincide con el civil en la computación del "parentesco recto", pero discrepando del mismo en la del "parentesco colateral": en esta última hipótesis, no se cuentan las generaciones de las dos líneas o grados, sino las de una sola vertiente; y entonces precisa elegir, o cualquiera de ellas si son iguales —caso de los hermanos o "parientes canónicos de primer grado", y de los primos hermanos o "parientes canónicos de segundo grado", etc.—, o la más larga si son desiguales (caso de los tíos carnales o "parientes canónicos de segundo grado", y de los tíos abuelos o "parientes canónicos de tercer grado", etc.).

Según los artículos 918 y 919 del Código Civil español, mientras el segundo de tales sistemas rige solamente respecto de "los impedimentos del matrimonio canónico", el primero rige en cambio —con carácter general— "en todas las materias". Y no parece aconsejable extenderse en otras puntualizaciones posibles, para no demorar en exceso el apartado inmediato.

12. Los hijos ilegítimos y el Código Civil

Artículo 129. **El hijo natural puede ser reconocido por el padre y la madre conjuntamente o por uno solo de ellos.**

Por extensión según el Tribunal Supremo y en el caso de haber muerto los padres, el reconocimiento pueden efectuarlo los abuelos (24 de febrero de 1917).

Artículo 130. **En el caso de hacerse el reconocimiento por uno solo de los padres, se presumirá que el hijo es natural, si el que lo reconoce tenía capacidad legal para contraer matrimonio al tiempo de la concepción.**

La presunción establecida por este artículo es impugnable, por parte de las personas a quienes el reconocimiento perjudique (9 de junio de 1893).

Artículo 131. **El reconocimiento de un hijo natural deberá hacerse en el acta de nacimiento, en testamento o en otro documento público.**

El reconocimiento hecho en testamento produce sus efectos desde el otorgamiento (y no desde la muerte del testador), en contraste con los otros procedimientos —acta de nacimiento o documento público— que necesitan de aprobación judicial (resolución de la fiscalía del Tribunal Supremo de 21 de enero de 1899).

Artículo 132. **Cuando el padre o la madre hiciere el reconocimiento separadamente, no podrá revelar el nombre de la persona con quien hubiera tenido el hijo, ni expresar ninguna circunstancia por donde pueda ser reconocida. — Los funcionarios públicos no autorizarán documento alguno en que se falte a este precepto. — Si a pesar de esta prohibición lo hicieren, incurrirán en una multa de 125 a 500 pesetas, y además se tacharán de oficio las palabras que contengan aquella revelación.**

Estas prohibiciones y multas no excluyen, claro está, el ejercicio de la acción de investigación de la maternidad (23 de abril de 1904), admitida desde siempre y en contraste con la relativa a la paternidad.

Artículo 133. **El hijo mayor de edad no podrá ser reconocido sin su consentimiento. — Cuando el reconocimiento del menor de edad no tenga lugar en el acta de nacimiento o en testamento, será necesaria la aprobación judicial con audiencia del ministerio fiscal. — El menor podrá, en todo caso, impugnar el reconocimiento dentro de los cuatro años siguientes a su mayor edad.**

Según determinados civilistas —como el profesor J. Rimblas Rimblas— éste es el único artículo, dentro del capítulo que nos ocupa, aplicable en Cataluña: en el bien entendido de que, tanto en derecho foral como en derecho común, el reconocimiento es un derecho concedido por la ley al hijo natural y renunciable empero por él (25 de junio de 1909).

Artículo 134. **El hijo natural reconocido tiene derecho: 1.º A llevar el apellido del que le reconoce. — 2.º A recibir alimentos del mismo, conforme al artículo 143. — 3.º A percibir, en su caso, la porción hereditaria que se determina en este Código.**

Dejando para más adelante el puntualizar en qué consisten los invocados "alimentos" ante cada hipótesis, interesa puntualizar que en Cataluña resultan aplicables estas otras normas: "Los hijos naturales no legitimarios en la sucesión de su padre, o los descendientes legítimos de los premuertos, mientras no puedan proveer por sí mismos a su adecuado sustento, tendrán derecho a alimentos en proporción al valor de la herencia. Este derecho carecerá de carácter legitimario y obligará personalmente a los herederos del padre" (Compilación Catalana, 147). Ello acarrea, además, la siguiente contrapartida: "En la sucesión del hijo natural, y en defecto de hijos legítimos o naturales del mismo y de descendientes legítimos de ellos, son legitimarios su madre en todo caso y su padre tan sólo si lo hubiese atendido en medida superior a la deuda legal alimenticia. De concurrir ambos, serán legitimarios por mitad" (Compilación Catalana, 128).

Artículo 135. **El padre está obligado a reconocer al hijo natural en los casos siguientes: 1.º Cuando exista escrito suyo indubitado en que expresamente reconozca su paternidad. — 2.º Cuando el hijo se halle en la posesión continua del estado de hijo natural del padre demandado, justificada por actos directos del mismo padre o de su famila. — En los casos de violación, estupro o rapto, se estará a lo dispuesto en el Código Penal en cuanto al reconocimiento de la prole.**

Aparte de remitir a las invocadas normas penológicas (artículos 429 a 442 del Código Penal), interesa puntualizar un par de extremos: en cuanto al "escrito" de reconocimiento, que debe ser "autógrafo" por completo y sin que baste una simple firma tras redacciones a máquina o similares (22 de junio de 1922, 27 de febrero de 1923, 8 de junio de 1929); y en cuanto al "estado de hijo natural", que puede describirse como el disfrute por parte del hijo de los derechos efectivos, eticojurídicos y sociales, inherentes a la filiación y al ejercicio por el padre de la autoridad o funciones de la paternidad, de manera permanente, indubitada y pública (24 de enero de 1920), dándose por ello muy pocas veces.

Artículo 136. **La madre estará obligada a reconocer al hijo natural: 1.º Cuando el hijo se halle, respecto de la madre, en cualquiera de los casos expresados en el artículo anterior. — 2.º Cuando se pruebe cumplidamente el hecho del parto y la identidad del hijo.**

Tras un primer párrafo genérico o aproximador de la maternidad respecto de la paternidad, interesa aquí destacar el párrafo segundo o reflejador de lo específicamente materno: no en vano nuestro Tribunal Supremo, desde antes incluso del Código Civil, permite la investigación de la maternidad (30 de junio de 1865 y múltiples sentencias posteriores).

Artículo 137. **Las acciones para el reconocimiento de hijos naturales sólo podrán ejercitarse en vida de los presuntos padres, salvo en los casos siguientes: 1.º Si el padre o la madre hubiesen fallecido durante la menor edad del hijo, en cuyo caso éste podrá deducir la acción antes de que transcurran los primeros cuatro años de su mayor edad. — 2.º Si después de la muerte del padre o de la madre apareciere algún documento de que antes no se hubiese tenido noticia, en el que reconozcan expresamente al hijo. — En este caso, la acción deberá deducirse dentro de los seis meses siguientes al hallazgo del documento.**

Estos curiosos plazos, según el Tribunal Supremo, deben entenderse —al igual que los restantes requisitos— en el sentido de que la facultad de pedir el reconocimiento comprende también la de impugnarlo (20 de abril de 1919).

Artículo 138. **El reconocimiento hecho a favor de un hijo que no reúna las condiciones del párrafo segundo del artículo 119, o en el cual se haya faltado a las prescripciones de esta sección, podrá ser impugnado por aquellos a quienes perjudique.**

Según el Tribunal Supremo, la acción judicial para impugnar el reconocimiento no tiene carácter público y además prescribe a los quince años (28 de abril de 1915 y 18 de enero de 1929).

Artículo 139. **Los hijos ilegítimos, en quienes no concurra la condición legal de naturales, sólo tendrán derecho a exigir de sus padres alimentos conforme al artículo 143.**

Consideran los civilistas que la expresión "hijos ilegítimos" de este artículo comprende todos los no naturales, desde los adulterinos o sacrílegos repetidamente citados, hasta los más lamentables todavía denominados "incestuosos" o de parientes que no pueden casarse sin dispensa (e incluso sin dispensa posible, en no pocos casos, como los hijos de hermanos de vínculo doble o sencillo), los "nefarios" o hijos de una ascendiente con un descendiente o de un ascendiente con una descendiente (casos afamados literariamente, como ocurre con los cuatro hijos de Edipo y su madre Yocasta: Antígona, Ismene, Eteocles y Polinicies) y los "espúreos" o hijos de padre desconocido: en el bien entendido de que rige una presunción jurídica según la cual los hijos extramatrimoniales son siempre naturales, salvo prueba en contrario (11 de octubre de 1882, 11 de mayo de 1887 y 4 de mayo de 1907).

Artículo 140. **El derecho a los alimentos de que habla el artículo anterior sólo podrá ejercitarse: 1.º Si la paternidad o maternidad se infiere de una sentencia firme, dictada en proceso criminal o civil. — 2.º Si la paternidad o maternidad resulta de un documento indubitado del padre o de la madre, en que expresamente reconozca la filiación. — 3.º Respecto de la madre, siempre que se pruebe cumplidamente el hecho del parto y la identidad del hijo.**

Dejando el asunto "alimentos" para la sección correspondiente del presente libro, interesará aclarar sólo que —ante ciertas dudas suscitadas en determinados juzgados— el Tribunal Supremo ha puntualizado que no se precisa la petición previa de que se declare que el obligado a dar alimentos es padre del que los reclama, porque este hecho constituye la base de la reclamación (27 de abril de 1888).

Artículo 141. **Fuera de los casos expresados en los números 1.° y 2.° del artículo anterior, no se admitirá en juicio demanda alguna que, directa o indirectamente, tenga por objeto investigar la paternidad de los hijos ilegítimos en quienes no concurra la condición legal de naturales.**

El Tribunal Supremo, al propio tiempo que ha insistido sobre el distingo legal entre la prohibida "investigación de paternidad" y la autorizada "investigación de maternidad", ha llegado a valorar la primera cual "un misterio de la naturaleza" (20 de abril de 1892, 10 de febrero de 1914 y 15 de febrero de 1916).

13. Cuestiones prácticas sobre los hijos ilegítimos

Pregunta: El reconocimiento de un hijo natural, ¿puede o no ser revocado cuando se realiza en testamento?

Respuesta: En principio, ni siquiera cuando se realiza en testamento puede ser revocado por otro testamento posterior —en contraste con las restantes disposiciones testamentarias—, salvo los casos de violencia, de intimidación, dolo o de error, exigiéndose para éste que verse sobre "hechos trascendentales que afecten notoria y directamente a la creencia equivocada en que pueda estar el padre" (resolución de la fiscalía del Tribunal Supremo de 5 de enero de 1900).

P.: Contra la presunción del artículo 130 del Código Civil, ¿cómo cabe actuar?

R.: Las personas a quienes el reconocimiento perjudique pueden declarar que aquella otra persona con quien tuvo el hijo el que la reconoció no reunía condiciones para contraer matrimonio con el otro progenitor al tiempo de la concepción, si es que pueden probarlo, claro está (9 de junio de 1893).

P.: El acta de nacimiento con la anotación correspondiente, ¿prueba siempre que el reconocimiento ha tenido lugar?

R.: La prueba es plena mientras no quede invalidada por las personas a que hace referencia el artículo 138 del Código Civil (22 de diciembre de 1927).

P.: El reconocimiento efectuado en una partida de bautismo, ¿puede trasladarse a la correspondiente inscripción de nacimiento?

R.: Tal traslado no puede hacerse gubernativamente, pero sí mediante sentencia dictada en juicio ordinario (resolución de la fiscalía del Tribunal Supremo de 5 de julio de 1919).

P.: La inscripción de un niño como hijo natural de cierta señora, ¿equivale a su reconocimiento?

R.: Si el que hizo la declaración no ostentaba poderes de tal señora, desde luego que no; y tampoco puede ella convalidar tal inscripción "después de la muerte del hijo", con el propósito de sucederle (22 de marzo de 1928).

P.: La dedicatoria, sin fecha ni firma, del retrato de un hombre a cierta niña y anteponiendo a su nombre las palabras "A mi querida hija", ¿equivale al reconocimiento de la misma?

R.: No, en absoluto, pues el escrito de reconocimiento ha de ser claro, patente y específico, evidenciando por sí solo —con certeza indiscutible— el premeditado propósito de reconocer (7 de abril de 1922).

Sección 5.ª: LA PATRIA POTESTAD EN GENERAL

14. Explicación general

Ya en el mismo derecho romano, origen histórico de la *patria potestas* o poder paterno, procede señalar diversas fases en cuanto a su estructura y alcance.

Siguiendo al ilustre romanista profesor Eusebio Díaz González, cabe sostener que en un principio la patria potestad tuvo perfiles harto rotundos, resumibles así: "Creada para el padre y en su beneficio, su esencia es la del *dominum;* su fundamento, solamente el autoritario; sus relaciones, derechos paternos omnímodos; su límite está casi sólo en su voluntad y su fin nada más que en la muerte, o en su voluntad misma."

De ahí que, en el derecho clásico de la urbe romana, "el padre y sólo él, mientras vive y es ciudadano, ejerce ese poder, si no media emancipación o arrogación que penden de su voluntad". Debido a ello, la madre o cualquier otra persona nada significan como freno a sus omnímodos poderes, entre los cuales destacan el "derecho de vida y muerte" *(ius vitae necisque)*, en cuya virtud los hijos podían ser matados o mutilados por sus padres sin sanción ninguna, y también los anejos derechos de vender a los hijos por deudas, o de darlos en prenda a los acreedores, etc.

Ya desde un principio, sin embargo, se fueron fraguando instituciones que frenaran posibles excesos y que evitaran se olvidase la primitiva configuración del "jefe de la familia, en el sentido del protector más que en el del genitor". Así, en la arcaica época monárquica, "una ley regia ratificada por los decenviros prohíbe matar al varón antes de los tres años", surgiendo pronto otras leyes que sustraen de su autoridad a los hijos sorprendidos en flagrante delito de robo o de alta traición. Algo después, la Ley Pompeya "libra de él a los nietos" y bajo Valentiniano I determinados parricidas o *filiicidas* fueron equiparados a los homicidas, sin duda por el creciente influjo que estaba alcanzando el cristianismo.

No obstante, hasta aparecer Justiniano no se generaliza la moderación al configurar las atribuciones paternas. Fue él quien suprimió con carácter general, entre tales atribuciones, tanto el derecho de vida y muerte como el de exposición. En su famosa Novela 114 prohíbe además, bajo penas severísimas, el conservar en prenda los hijos de cualquier deudor. Pero incluso en su famosísimo "Código" se recoge la Constitución de Constantino que permitía la venta del hijo infante en caso de apremiante necesidad: pese a que, en el ínterin, los hijos habían dejado ya de ser "cosas" y a sus "personalidades" se les había llegado a reconocer la posibilidad de "peculios" frente al "patrimonio" de su progenitor.

En derecho español, la creciente aproximación de las madres respecto de los padres cabe atribuirla no sólo a los aludidos influjos cristianos, sino también a filtraciones germánicas a través de instituciones visigóticas... y de esta suerte, tras las obligadas vacilaciones medievales y postmedievales, llégase a la reglamentación de nuestro Código Civil a considerar en el inmediato apartado.

15. La patria potestad en general y el Código Civil

Artículo 154-I. **El padre, y en su defecto la madre, tienen potestad sobre sus hijos legítimos no emancipados; y los hijos tienen la obligación de obedecerles mientras permanezcan en su potestad, y de tributarles respeto y reverencia siempre.**

Esta norma, aplicable sin distinción en derecho común y en casi todo el derecho foral por decisión de nuestro Tribunal Supremo repetidamente manifestada (11 de mayo de 1904, 11 de noviembre de 1907, 24 de marzo de 1909, etc.), merece sin duda múltiples puntualizaciones como pueden ser —entre otras— las siguientes: *a)* El matrimonio legítimo queda ahí presentado como el origen "ordinario" de la patria potestad, anteponible al "reconocimiento" y a la "adopción" que serán luego presentados como orígenes "extraordinarios": *b)* Tal patria potestad es siempre unitaria y de titularidad única —contra lo que cree el vulgo, que la atribuye compartidamente al padre y a la madre—, correspondiendo mientras vive o tiene capacidad al "progenitor masculino" y sólo en su defecto al "progenitor femenino": *c)* Por parte de los hijos, mientras sigan bajo la patria potestad (de la cual no se sale sino por mayoría de edad a los veintiún años, o por emancipación matrimonial, o por emancipación judicial, sometidas ambas a la condición de haberse cumplido los dieciocho años y demás requisitos legales), el efecto primario debe ser la obediencia u *oboedientia*, mientras que los efectos secundarios son —"siempre" y sin condiciones, o sea durante toda la vida, aun cuando muchos lo olviden— los de "respeto y reverencia" o *respectus reverentiaque*, efectos tanto el primero como los segundos ampliamente desarrollados por el derecho canónico.

Artículo 154-II. **Los hijos naturales reconocidos y los adoptivos menores de edad están bajo la potestad del padre, o de la madre, que los reconoce o adopta; y tienen la misma obligación de que habla el párrafo anterior.**

Tras la precedente glosa, bastará aquí con insistir que tanto ante los hijos reconocidos como ante los hijos adoptivos, la patria potestad sigue siendo unitaria —o del padre, o de la madre, al igual que ante los hijos legítimos— y recordar una curiosa sentencia de nuestro Tribunal Supremo, por la cual la patria potestad la adquiere el progenitor aun cuando no sea voluntaria, sino en virtud de sentencia judicial (16 de junio de 1900).

16. CUESTIONES PRÁCTICAS SOBRE LA PATRIA POTESTAD EN GENERAL

Pregunta: Atendiendo al derecho comparado, ¿existe alguna nación que atribuya la patria potestad conjuntamente al padre y a la madre?

Respuesta: Esto ocurre en el Código Civil suizo (artículo 273 y siguientes), si bien en caso de discordia quien decide es el padre. Y algo similar se insinúa, aunque con menos decisión, en el Código Civil francés (art. 371 y siguientes).

P.: ¿Pierde el padre la potestad sobre los hijos en poder de la madre, al haber sido ésta depositada judicialmente?

R.: En tal caso, ni pierde la patria potestad, ni siquiera la facultad de educar a los hijos según su voluntad (9 de junio de 1909).

P.: Cuando el interés del hijo menor de edad es contrario al del padre, ¿a quién corresponde la patria potestad?

R.: Con toda seguridad, a la madre: sin necesidad de habilitación judicial, para actuar en juicio, y sin que proceda tampoco el nombramiento de un defensor judicial (13 de febrero de 1909).

P.: ¿Cabe señalar alguna limitación al ejercicio de la patria potestad?

R.: Desde luego que sí, pues no es poder absoluto, sino de protección: por ejemplo, no alcanza a disponer el entierro civil de los hijos menores, si habían sido bautizados (24 de mayo de 1909).

P.: ¿Cómo se compaginan la potestad patria del padre y las atribuciones caseras de la madre, en orden a los hijos, cohonestadas por costumbres multiseculares?

R.: Según el Tribunal Supremo, la madre actúa con relación a los hijos para ejercer los actos conducentes a los fines familiares, en orden a la educación e instrucción de los mismos, mediante una autoridad que el marido debe respetar en cuanto estime que se halla debidamente ejercitada (13 de diciembre de 1909).

P.: ¿Existe en derecho foral alguna norma importante sobre patria potestad que se aparte del derecho común?

R.: En la Ley 15/1967, de 8 de abril, sobre Compilación del Derecho Civil de Aragón, léese lo siguiente: "El deber de crianza y educación de los hijos menores, así como la adecuada autoridad familiar para cumplirlo, corresponde a sus padres, conjunta o separadamente, según los usos sociales y familiares. En caso de divergencia en el ejercicio de dicha autoridad, decidirá el padre" (art. 9).

Sección 6.ª: LA PATRIA POTESTAD RESPECTO A LAS PERSONAS DE LOS HIJOS

17. Explicación general

Como reacción bastante explicable frente al exceso de formalismos característico del derecho romano clásico, al sobrevenir el cristianismo cundió la idea de valorar como innecesarias cualesquiera formalidades matrimoniales, tanto frente a los consortes como frente a las personas de los hijos.

Así se explica que el emperador Teodosio el Joven, en pleno siglo v de nuestra era, proclamara que la esencia del matrimonio es el consentimiento y que nada más se precisaba para la legitimidad de la prole.

Sin embargo, desde que existió la Iglesia Católica, comenzó entre los cristianos la costumbre de la bendición nupcial con carácter sacramental y con antecedentes evangélicos en las bodas de Caná.

El apasionado escritor Tertuliano hace ya referencia a tal bendición nupcial, pero conviene advertir que no llegó a tener fuerza de ley sino bastante después de que el emperador Constantino se convirtiera a la religión cristiana.

Por su parte, el emperador Justiniano se refiere con insistencia a las solemnidades cristianas en orden a las nupcias y a los hijos, pero más bien en forma enunciativa que de mandato. A estos efectos, distingue varias posibilidades: *a)* Si los cónyuges eran concubinos antes de casarse, aconseja que conste el consentimiento de los cónyuges en los instrumentos dotales; *b)* Si por el contrario eran personas "más honestas" u *honestiores*, junto a tal procedimiento sitúa el de que se certifiquen las nupcias mediante testigos en escritos a remitir al defensor eclesiástico o *Deffensor Ecclesiae.* Por uno u otro procedimiento, parecía poder conseguirse la legitimidad de la descendencia.

Algo más tarde, el emperador León —mediante su afamada Novela 89— identificó la unión matrimonial civil con el sacramento eclesiástico, originándose así el posterior desarrollo del derecho nupcial canónico y sus proyecciones sobre las personas de los hijos.

En derecho español, ya desde sus orígenes medievales, el matrimonio legal determina la legitimidad de la prole nacida seis meses después de contraerlo o antes de los diez que sigan a su disolución, a menos que se pruebe la imposibilidad del acceso carnal entre los cónyuges en el tiempo indispensable para la gestación con anterioridad a tales fechas. Y respecto a los hijos nacidos, origina en el padre las atribuciones de la patria potestad, en la madre las complementarias atribuciones educativas y en ambos los llamados derechos de competencia, que incluyen los derechos a heredarse según específicas normas sucesorias. Mas dejando para la ulterior sección lo concerniente a los bienes, veamos de inmediato cómo regula nuestro Código Civil a la patria potestad respecto de las personas de los hijos.

18. La patria potestad respecto a las personas de los hijos y el Código Civil

Artículo 155. **El padre, y en su defecto la madre, tienen respecto de sus hijos no emancipados: 1.º El deber de alimentarlos, tenerlos en su compañía, educarlos e instruirlos con arreglo a su fortuna, y representarlos en todas las acciones que puedan redundar en su provecho. — 2.º La facultad de corregirlos y castigarlos moderadamente.**

Estos dos puntos vienen a ser los ecos modernos de dos antañones edictos del derecho romano recogidos en el *Digesto* (XLIII-30), el edicto *de liberis exhibendis* o sobre la "presentabilidad" de los hijos y el edicto *de liberis ducendis* o sobre la "enderezabilidad" de los hijos —si es que el lector nos permite tales expresiones, sin duda un tanto exóticas, pero bastante adaptadas a los originarios enunciados latinos—: mereciendo además dejar constancia de que la edad escolar obligatoria de los niños españoles, fijada entre los seis y los nueve años al alborear nuestro siglo (por la Real Orden de 28 de febrero de 1900), ha ido recibiendo prolongaciones sucesivas y —por disposición del ex ministro de Educación don Manuel Lora Tamayo, vigente a partir del curso académico 1967-1968— ha pasado actualmente a ser desde los seis hasta los catorce años.

Artículo 156. **El padre, y en su caso la madre, podrán impetrar el auxilio de la autoridad gubernativa, que deberá serles prestado, en apoyo de su propia autoridad sobre sus hijos no emancipados, ya en el interior del hogar doméstico, ya para la educación y aun para la retención de los mismos en establecimientos de instrucción o en institutos legalmente autorizados**

que los recibieren. — Asimismo podrán reclamar la intervención del juez municipal para imponer a sus hijos hasta un mes de detención en el establecimiento correccional destinado al efecto, bastando la orden del padre o madre con el V.º B.º del juez para que la detención se realice. — Lo dispuesto en los dos párrafos anteriores comprende a los hijos legítimos, legitimados, naturales reconocidos o adoptivos.

Esta norma remite a las complementarias penales tendentes a evitar abusos —por ambas partes— en las relaciones paternofiliales: mas por ser los hijos frente a los padres los más débiles, dentro de tales relaciones, el Tribunal Supremo ha dedicado diversas sentencias a eludir posibles malos tratos, declarando incluso que si están plenamente comprobados pueden privar al padre de su patria potestad (5 de noviembre de 1894, 26 de noviembre de 1901, 29 de octubre de 1920).

Artículo 157. **Si el padre o la madre hubiesen pasado a segundas nupcias y el hijo fuere de los habidos en anterior matrimonio, tendrán que manifestar al juez los motivos en que fundan su acuerdo de castigarle; y el juez oirá, en comparecencia personal, al hijo y decretará o denegará la detención sin ulterior recurso. Esto mismo se observará cuando el hijo no emancipado ejerza algún cargo u oficio, aunque los padres no hayan contraído segundo matrimonio.**

Según el refranero castellano, "en cuanto a las madrastras, con el nombre basta" —valoración aplicada igualmente, por el mismo sentir popular, a los padrastros—, debido a lo cual, parece razonable que se proteja especialmente a los hijastros o hijastras menores de edad (y hasta que se les asimilen los hijos no emancipados ejercientes de cargos u oficios, cuya independencia económica puede provocar iracundias similares a las subsiguientes tras muchas segundas nupcias): ante esta cuestión, adviértase que el juez invocado es el del domicilio del padre si no ha mediado contrato sobre los alimentos o demás servicios al hijo (11 de octubre de 1905, 18 de junio de 1907), mientras que si ha mediado contrato lo será el juez del lugar donde se estipuló (13 de agosto de 1904).

Artículo 158. **El padre, y en su caso la madre, satisfarán los alimentos del hijo detenido; pero no tendrán intervención alguna en el régimen del establecimiento donde se le detenga, pudiendo únicamente levantar la detención cuando lo estimen oportuno.**

Con esta norma, que se explica por sí misma, concluye el capítulo que nos viene ocupando: entre cautelas protectoras de los menores, por cierto, muy plausibles. A este respecto, en Aragón la aludida Ley de 1967 presenta otras dos medidas cautelares interesantes, las siguientes (Compilación Aragonesa, art. 10): "Fallecidos los padres, o cuando éstos fueren privados judicialmente de la autoridad familiar o de su ejercicio, o de hecho no atiendan a sus hijos menores, los abuelos (por el orden señalado por el Código Civil, artículo 211, para la tutela legítima) podrán tenerlos consigo y criarlos, asumiendo a tales fines la correspondiente autoridad... Fallecido un cónyuge bínubo, el sobreviviente podrá continuar teniendo en su compañía a los hijos menores de aquél y encargarse de su crianza y educación. Sólo por motivos de moralidad, mal trato o incumplimiento de dicha función podrán ser separados de él".

19. Cuestiones prácticas sobre la patria potestad respecto a las personas de los hijos

Pregunta: ¿A quiénes corresponde la representación de los niños recién nacidos o poco antes de nacer, en defecto del padre?

Respuesta: Cuando se trata de niños pequeños y durante toda la minoría de edad corresponde a la madre, pero la de los hijos por nacer o que se esperan corresponde al ministerio fiscal (resoluciones de la fiscalía del Tribunal Supremo; 29 de enero de 1901, 19 de mayo de 1913 y 10 de setiembre de 1918).

P.: ¿Existe alguna excepción a la necesidad genérica que recae sobre los menores de ver completada su personalidad?

R.: Alguna existe, por ejemplo, la reflejada por la Real Orden de 28 de febrero de 1900, que reconoce facultad a los militares, aun en la minoría de edad, para promover por sí expedientes del ramo de guerra.

P.: ¿Son válidos los contratos entre padre e hijo, asumiendo el primero la representación del segundo?

R.: Son nulos, en absoluto y según resulta de sentido común, por faltar la dualidad de personas (6 de marzo de 1909).

P.: ¿Tienen o no validez las administraciones de legados hechos a determinados hijos y confiadas por los testadores a personas distintas de los padres?

R.: Tienen validez plena, tanto en derecho español común como en derecho foral catalán (11 de mayo de 1904).

P.: Y si la administración se confía al padre, pero el testamento nombra un "curador" para que rinda ante él cuentas de tal administración, ¿tiene o no validez el nombramiento?

R.: También tiene validez, en ambas legislaciones y por una razón única, la de que resulta presumible considerar al nombrado como protector del menor en cuestión (10 de diciembre de 1896).

P.: ¿Es renunciable, por el padre o por la madre, la administración de los bienes de los hijos menores?

R.: No es renunciable, ni por el uno ni por la otra, dado que se halla establecida precisamente en beneficio de tales menores (22 de octubre de 1891).

Sección 7.ª: LA PATRIA POTESTAD RESPECTO A LOS BIENES DE LOS HIJOS

20. Explicación general

Empezando por lo que ocurría en derecho romano primitivo, y siguiendo al ilustre romanista Díaz González, es obligado reconocer que "el hijo, que no tiene bienes patrimoniales, ni puede contratar ni acudir al magistrado: cierto que ya de antiguo puede, cual el esclavo, representar al padre, y que esto fue frecuente, cuando pasó la edad agrícola de Roma y se desenvolvieron en ella la industria y el comercio; pero los actos así realizados, por el hijo, no eran todavía consagración de su personalidad económica".

Algo más adelante, la capacidad del hijo frente al padre en lo económico coincide con el resquebrajamiento de la unidad patrimonial de cada familia —cuya titularidad, según ya se indicó, correspondía siempre al padre—. Por un lado, empieza a adquirir ascendiente la matrona o *materfamilias*, sobre la cual llegó a decirse: "Debemos entender por matrona aquella que no vivió deshonestamente... Ni las nupcias ni los pañales crean a las matronas, sino las buenas costumbres" (*Digesto*, X-15: *Materfamilias accipere debemus quae non inhoneste vixit... Neque nuptiae neque natales faciunt materfamilias, sed bonae mores*). Por otra parte, va desarrollándose lentamente la doctrina de los "peculios" o conjuntos de bienes económicos autónomos respecto del "patrimonio", llamándose respectivamente "profecticios" o "serviles" según que su titular fuera un hijo o un esclavo del patriarca.

De manera general, tanto el hijo como el esclavo "goza en el peculio de cuantos derechos sean compatibles con la esencia del dominio señorial, de modo que, salvo el derecho de enajenar (donando, legando, etc.) o de consumir, puede considerarse investido de las facultades dominicales". Y concretándonos a los hijos, las consecuencias creadas por la nueva situación fueron las siguientes: "*a)* la imposibilidad de obligación civil recíproca entre padre e hijo; *b)* que éste adquiere para aquél, aunque contradiciendo el principio no le obligue; y *c)* que no pueden testificar uno por otro".

Todo el derecho medieval español marca una constante lucha en contra del predominio patrimonial paterno y en pro de los peculios filiales. Como consecuencia, en el hijo "con la representación del padre y el manejo del peculio, adquirió un cierto relieve su capacidad en los aspectos social, jurídico y económico". Y estas mismas tres facetas —la social o "intrafamiliar", la jurídica o "interfamiliar" y la económica o "pecuniaria"— serán luego las crecientemente desenvueltas por el derecho moderno, hasta llegar a la reglamentación de esta problemática por el Código Civil, en cuya glosa entraremos seguidamente.

21. La patria potestad respecto a los bienes de los hijos y el Código Civil

Artículo 159. **El padre, o en su defecto la madre, son los administradores legales de los bienes de los hijos que están bajo su potestad.**

Una curiosa sentencia de nuestro Tribunal Supremo (11 de mayo de 1904) ha aducido, como fundamento del anterior principio, la afamada Novela 117 de Justiniano.

Artículo 160. **Los bienes que el hijo no emancipado haya adquirido o adquiera, con su trabajo o industria, o por cualquier título lucrativo, pertenecen al hijo en propiedad y en usufructo al padre o a la madre que le tenga en su potestad y compañía; pero si el hijo, con el consentimiento de sus padres, viviere independiente de éstos, se le reputará para todos los efectos relativos a dichos bienes como emancipado y tendrá en ellos el dominio, el usufructo y la administración.**

No rige este artículo, sino el 166 —a glosar más adelante—, cuando se trata de relaciones patrimoniales entre padres e hijos naturales, sin que tengan entonces aquéllos el usufructo (8 de enero de 1917); por el contrario, se hace extensivo a los créditos adjudicados a los menores, sin que sus padres —durante la patria potestad— tengan que entregar los capitales a los hijos (19 de noviembre de 1907).

Artículo 161. **Pertenece a los padres en propiedad y usufructo lo que el hijo adquiera con caudal de los mismos. Pero si los padres le cediesen expresamente el todo o parte de las ganancias que obtenga, no le serán éstas imputables en la herencia.**

Estamos ante dos ecos curiosos del antes invocado derecho romano: la primera parte de este artículo refleja, con claridad, el rememorado "pecunio profecticio" o conjunto de propiedades filiales independientes del patrimonio paterno; y la segunda señala, con claridad no menor, la principal excepción sobrevenida a tal independencia (*Digesto,* IV-4 y XV-1).

Artículo 162. **Corresponderán en propiedad y en usufructo al hijo no emancipado los bienes o rentas donados o legados para los gastos de su educación e instrucción; pero tendrán su administración el padre o la madre, si en la donación o en el legado no se hubiese dispuesto otra cosa, en cuyo caso se cumplirá estrictamente la voluntad de los donantes.**

En derecho romano, completaba al profecticio el llamado "pecunio adventicio", pudiendo por su carácter extraordinario nombrarse un administrador del mismo distinto del padre y de la madre (Novela 117 de Justiniano): ocurriendo otro tanto en derecho civil español, en virtud del artículo que nos ocupa, según nuestro Tribunal Supremo y con aplicabilidad tanto a los legados de educación o instrucción como a cualesquiera otros (11 de mayo de 1904).

Artículo 163. **Los padres tienen, relativamente a los bienes del hijo en que les corresponde el usufructo o administración, las obligaciones de todo usufructuario o administrador, y las especiales establecidas en la sección 3.ª del título 5.º de la Ley Hipotecaria. — Se formará inventario, con intervención del ministerio fiscal, de los bienes de los hijos en que los padres tengan sólo la administración; y a propuesta del mismo ministerio, podrá decretarse por el juez el depósito de los valores mobiliarios propios del hijo.**

Según el Tribunal Supremo, la obligación de hipoteca legal aquí insinuada se limita al caso de que el padre contraiga segundas nupcias (8 de enero de 1917); y en cuanto a la obligación de hacer inventario, según el propio Código Civil (art. 493), los testadores pueden dispensarla.

Artículo 164. **El padre, o la madre en su caso, no podrán enajenar los bienes inmuebles del hijo en que les corresponda el usufructo o la administración, ni gravarlos, sino por causas justificadas de utilidad o necesidad y previa la autorización del juez del domicilio, con audiencia del ministerio fiscal, salvas las disposiciones que en cuanto a los efectos de la transmisión establece la Ley Hipotecaria.**

Diversas resoluciones de la fiscalía del Tribunal Supremo han aplicado esta norma a las prohibiciones —si se actúa sin las debidas licencias— de ventas de inmuebles (23 de diciembre de 1903), de revocación de donaciones (30 de octubre de 1892), de adjudicación de algún inmueble en pago de deudas (26 de diciembre de 1893), etc.

Artículo 165. **Siempre que en algún asunto el padre o la madre tengan un interés opuesto al de sus hijos no emancipados, se nombrará a éstos un defensor que los represente, en juicio y fuera de él. — El juez, a petición del padre o de la madre, del mismo menor, del ministerio fiscal o de cualquiera persona capaz para comparecer en juicio, conferirá el nombramiento de defensor al pariente del menor a quien en su caso correspondería la tutela legítima, y a falta de éste, a otro pariente o a un extraño.**

Según el Tribunal Supremo, este cargo de "defensor judicial" sustituye al antiguo "curador" del derecho romano (3 de diciembre de 1895) y es nombrado solamente para un asunto determinado (8 de enero de 1917). Inciden además en esta materia otros múltiples preceptos, tanto del Código Civil (arts. 211, 317, y 1.060) como de la Ley de Enjuiciamiento Civil (arts. 2, 18, 1.057, 1.811, 1.818, 1.853 y 1.895).

Artículo 166. **Los padres que reconocieren o adoptaren «en forma menos plena» no adquieren el usufructo de los bienes de los hijos reconocidos o adoptivos, y tampoco tendrán la administración, si no aseguran con fianza sus resultados a satisfacción del juez del domicilio del menor o de las personas que deban concurrir a la adopción.**

La Ley de 24 de abril de 1958, posterior al distingo entre las adopciones plena y menos plena —llamado por cierto a desaparecer, por lo cual no parece oportuno comentarlo aquí con detalle— agregó las palabras del artículo incluidas entre comillas. Y el Tribunal Supremo ha puntualizado ante el mismo que se refiere al padre o a la madre natural, sin hacer distinción entre bienes adquiridos antes o después del reconocimiento (8 de enero de 1917).

22. Cuestiones prácticas sobre la patria potestad respecto a los bienes de los hijos

Pregunta: ¿Qué carácter tiene el usufructo, establecido por el artículo 160 del Código Civil, en cuanto a los bienes de hijos menores de edad?

Respuesta: No se ha establecido en provecho personal y exclusivo del usufructuario, sino para ayudar al padre a levantar las cargas de la patria potestad (entre ellas, la de criar, educar y alimentar a la prole), por lo que los hijos tienen preferente derecho, respecto a los acreedores de sus padres, para percibir alimentos con cargo a los frutos de sus bienes (7 de julio de 1892, 27 de febrero de 1893, etc.).

P.: La autorización judicial, prescrita como necesaria en el artículo 164 del Código Civil, ¿es susceptible de alguna excepción?

R.: Como caso excepcional, según una resolución

de la fiscalía del Tribunal Supremo, se tiene por lícito el pacto hecho en capítulos matrimoniales en el sentido siguiente: el consorte sobreviviente de un matrimonio catalán podrá enajenar los bienes de los hijos, junto con un pariente, sin necesidad de que intervenga el juez (20 de mayo de 1921).

P.: Como defensor judicial, de acuerdo con el artículo 165 del Código Civil, ¿qué se precisa para que el nombrado sea un extraño?

R.: Ello puede ocurrir, en defecto de aquel a quien correspondería la tutela legítima, aunque haya otros parientes (9 de octubre de 1908).

P.: ¿A quién corresponde el discernimiento del aludido cargo de defensor judicial?

R.: Corresponde siempre al juez, aunque haya sido previamente designado por el padre del menor en testamento (resolución de la fiscalía del Tribunal Supremo de 27 de julio de 1924).

P.: En defecto del padre, por oposición de intereses, ¿en quién recae la representación del menor?

R.: No procede nombrar defensor judicial, según el Tribunal Supremo, si al menor puede representarlo su madre (resolución de 9 de junio de 1909).

P.: El presunto interés opuesto entre padre e hijo, ¿ha sido declarado inexistente alguna vez?

R.: En múltiples casos: por ejemplo, si padre e hijo son coherederos y reclaman derechos comunes, o bien si hipotecan porciones indivisas de una misma finca (resoluciones de la fiscalía del T. S. de 31 de mayo de 1909 y de 6 de julio de 1917).

Sección 8.ª: MODOS DE ACABARSE LA PATRIA POTESTAD

23. Explicación general

Tanto en derecho romano como en derecho moderno, tres son los modos únicos de acabarse la patria potestad: muerte, emancipación y adopción o salida del menor del ámbito de su patria potestad originaria para pasar a depender como adoptado del adoptante.

Antes de puntualizar el alcance de las normas del Código Civil español sobre cada una de esas modalidades, parece oportuno exponer algunas reflexiones generales en torno a sus respectivos contenidos.

Primeramente, la muerte que extingue la patria potestad puede afectar por igual ora al padre o madre en quienes se encarnaba, ora al hijo o hija que se le sometían. Los romanos aplicaban a este orden el añejo aforismo "la muerte todo lo destruye" (*mors omnia solvit)*, aceptado también por los civilistas modernos en los ámbitos personales, aun cuando insistiendo en sus excepciones para cuanto concierne a lo patrimonial y que fundamentan las dos grandes ramas del derecho sucesorio (el escrito o testamentario y el no escrito o legítimo).

Paralelamente, en cuanto a la emancipación, las diferencias entre las legislaciones romana y moderna se ofrecen como mucho más profundas. Entre los romanos, la patria potestad nunca se acababa ni por llegar los hijos a mayores de edad, ni siquiera por convertirse en nuevos jefes de familia al casarse —según viene ahora ocurriendo en todas las naciones—; por el contrario, los hijos permanecían sujetos a ella mientras vivía su progenitor o ascendiente de la línea recta, que no siempre era el progenitor directo o padre, sino que muchas veces se concretaba en el abuelo o el bisabuelo. Ahora bien, para moderar esa perpetuación de la autoridad familiar, los prudentes romanos se inventaron la denominada "emancipación" o eliminación del "sojuzgamiento" (eso es lo que significaba *manus* o *mancipium*, el principio de autoridad paterno que se extingue con tal institución), mediante una multiplicidad de fórmulas que —tras haber sido simplificadas por siglos— subsisten todavía, en lo fundamental, para los habilitados de edad o "emancipados" antes de llegar a la mayoría plena de los veintiún años.

Finalmente, la institución que más ha cambiado desde la época romana hasta la actual —entre las aniquiladoras de la autoridad paterna— es con seguridad la adopción, que en sus orígenes se identificaba con la llamada *capitis deminutio minima* o cambio mínimo de encabezamiento; es decir, con el cambio que consistía en dejar de pertenecer a una situación familiar o *status familiae* y empezar a pertenecer a otro (siendo el inicial el cognaticio o parental y el terminal el meramente agnaticio o adoptivo); y de esta suerte contrastaba, ora con la *capitis deminutio media* o cambio medio de encabezamiento consistente en dejar de pertenecer a un *status civitatis* o situación cívica para empezar a pertenecer a otro, ora con la *capitis deminutio maxima* o cambio máximo de encabezamiento consistente en dejar de poseer un *status libertatis* o situación de libertad para caer en la esclavitud. Por fortuna, modernamente la adopción se ha distanciado muchísimo de esas otras instituciones antaño afines a su contenido y han prosperado en esta esfera los fondos sobre las formas —algo aplicable, en conjunto, a la sección recién comenzada—, según procurará evidenciarse a continuación.

24. Los modos de acabarse la patria potestad y el Código Civil

Artículo 167. **La patria potestad se acaba: 1.º Por la muerte de los padres o del hijo. — 2.º Por la emancipación. — 3.º Por la adopción del hijo.**

Ante esos tres modos, cabe aclarar que los dos primeros son definitivos o irreversibles, mientras el último por el contrario es reversible o destruible: así, al fallecer el adoptante, el padre o la madre —en su defecto— recobra la patria potestad (resolución de la fiscalía del Tribunal Supremo de 6 de febrero de 1900).

Artículo 168. **Las ulteriores nupcias del padre o de la madre no afectarán a la patria potestad; pero el juez podrá conceder la emancipación de los hijos mayores de dieciocho años, si lo pidieren, previa audiencia del padre o madre. — Lo dispuesto en el párrafo anterior es también aplicable en el caso de hijos naturales reconocidos, cuando el padre o la madre contraigan nupcias.**

Esta norma ha sido modificada por la Ley de 24 de abril de 1958, la cual ha rehecho a fondo su enunciado —a diferencia de lo ocurrido con el artículo inmediato, donde la modificación ha sido mínima—, ya que con anterioridad se circunscribía a las mujeres bínubas y a los hijos legítimos, al siguiente tenor: "La madre que pase a segundas nupcias pierde la patria potestad sobre sus hijos, a no ser que el marido difunto padre de éstos hubiera previsto expresamente en su testamento que su viuda contrajera matrimonio y ordenado que en tal caso conservase y ejerciese la patria potestad sobre sus hijos". Adviértase además que, antes de modificarse el Código Civil y en alguna región de sano derecho foral como Navarra, ya se equiparaba al padre con la madre en el trance de pasar a segundas nupcias y perder la patria potestad (31 de marzo de 1892); de ahí que su modificación generalizada, según lo realizado, parezca decididamente plausible.

Artículo 169. **El padre, y en su caso la madre, perderán la potestad sobre sus hijos: 1.° Cuando por sentencia firme en causa criminal se le imponga como pena la privación de dicha potestad. — Cuando por sentencia firme en pleito de separación personal así lo declare, mientras duren los efectos de la misma.**

De estas dos privaciones, sólo es automática la primera o penal, mientras que la segunda o civil es potestativa de los tribunales, según reiterada criteriología jurisprudencial (9 de noviembre de 1898, 14 de marzo de 1899, 9 de junio de 1909).

Artículo 170. **La patria potestad se suspende por incapacidad o ausencia del padre, o en su caso de la madre, declaradas judicialmente, y también por la interdicción civil.**

Este precepto refleja otros similares procedentes del derecho romano (*Digesto*, I-6, frag. 4 y Código de Justiniano, V-4, const. 25), en el bien entendido de que se trata entonces y ahora de una "suspensión" temporal, en contraste de la "pérdida" definitiva del precepto anterior.

Artículo 171. **Los tribunales podrán privar a los padres de la patria potestad, o suspender el ejercicio de ésta, si trataren a sus hijos con dureza excesiva, o si les dieran órdenes, consejos o ejemplos corruptores. En estos casos podrán asimismo privar a los padres total o parcialmente del usufruto de los bienes del hijo, o adoptar las providencias que estimen convenientes a los intereses de éste.**

También ante este precepto cabe señalar casi idénticos antecedentes romanos (Código de Justiniano, I-4 y XI-40, leg. 12 y 6), los cuales empero decretaban ante todo el depósito de los menores afectados, para su adecuada protección física o moral.

25. Cuestiones prácticas sobre los modos de acabarse la patria potestad

Pregunta: ¿Tiene o no capacidad el segundo marido de una madre para ser tutor de los hijos de su anterior matrimonio?

Respuesta: Si existe la correspondiente designación testamentaria, no media incapacidad ninguna (19 de junio de 1901).

P.: El contrato celebrado por una madre viuda, en representación de sus hijos menores y pese a no hallarse investida de la patria potestad, ¿es o no válido?

R.: En sí mismo, es nulo, a menos que luego sea convalidado por el correspondiente consejo de familia (12 de enero de 1901).

P.: ¿Quiénes pueden pedir la privación de la patria potestad ostentada por alguien indigno?, ¿sólo sus parientes o alguna persona más?

R.: Puede pedir tal privación de patria potestad —y hasta debe hacerlo, en estricta conciencia— quien sea conocedor de la indignidad, incluso un extraño que ningún parentesco tenga con la familia (30 de julio de 1904).

P.: En el caso de que la indignidad sea patente en ambos progenitores, ¿contra cuál de ellos debe dirigirse la demanda de incapacidad?

R.: En tal hipótesis —tristísima a la par que frecuentísima—, debe dirigirse contra los dos (22 de junio de 1905).

P.: ¿Qué circunstancias suelen apreciarse con mayor frecuencia en el hombre para privarle de la patria potestad?

R.: Entre otras, la embriaguez habitual (17 de marzo de 1928) y el desamparo de la familia (24 de junio de 1931).

P.: El adulterio anterior y plenamente conocido de la madre, ¿es motivo suficiente para privarle de su patria potestad?

R.: Por muy conocido que sea, no es motivo suficiente, pues deben los tribunales atenerse a si, coincidiendo con la demanda, cabe señalar una vida licenciosa actual; y valorar los actos de presente, en consecuencia, por si son de reconocida inmoralidad (1 de marzo de 1899, 25 de junio de 1923, 29 de enero de 1928).

Tercera Parte

OTRAS AGRUPACIONES FAMILIARES Y SUS NORMAS

1. Grupos de instituciones a considerar

Después de la sociedad matrimonial y de la sociedad paternofilial, que vienen a ser el tronco fundamental y las ramificaciones naturales de la institución familiar humana, los antiguos —muy en especial, griegos y latinos— enumeraban sobre sus elementos esenciales a la sociedad heril o servil (del vocablo latino *herus*, siervo o esclavo), que con el tiempo hicieron extensiva a cualesquiera personas incorporadas al hogar familiar, por razones de trabajo o de afecto, tanto si mediaban como si no mediaban vínculos de sangre u otros parentescos respecto de ellas.

En el actual Código Civil español, como agrupaciones familiares complementantes de la matrimonial y de la paternofilial, destacan los dos grupos siguientes: dentro del libro 1.º o "De las personas", el título VI o "De los alimentos entre parientes" (arts. 142 a 153), intermedio por cierto entre los que versan acerca "De la paternidad" y "De la patria potestad" (títulos V y VII, considerados en la segunda parte del presente estudio); y dentro del libro 3.º o "De los diferentes modos de adquirir la propiedad", el capítulo 4.º de su título III o "Del orden de suceder según la diversidad de líneas", cuyas cinco secciones vienen a agrupar a determinados parientes con familiares suyos muertos intestados, mediante agrupaciones que adicionadas a la aludida de los alimentos constituirán las seis etapas de esta tercera parte, y última, de nuestra obra.

En otras palabras, después de considerar los doce artículos concernientes a alimentistas y alimentantes (arts. 142 a 153) —objeto de la inmediata sección 1.ª—, se alinearán como secciones sucesivas las cinco integradoras del capítulo sucesorio mentado y cuyos epígrafes son los siguientes: "De la línea recta descendente" (arts. 930 a 934). "De la línea recta ascendente" (artículos 935 a 938), "De los hijos naturales reconocidos" (arts. 939 a 945), "De la sucesión de los colaterales y de los cónyuges" (arts. 946 a 955) y "De la sucesión del Estado" (arts. 956 a 958); viniendo a encarnar esta postrera agrupación, por aquello en que el Estado es el último extremo familiar de todos sin excepción, la culminación de nuestro análisis.

Ni que decir tiene que, sobre la marcha, junto a las normas del derecho común español se procurará ir puntualizando las paralelas normas forales, especialmente las que a Cataluña ha venido a aplicar la Compilación de 1960. Y de ahí que, sin más preámbulos parezca llegada la hora de introducirnos en la sección relativa a alimentos entre familiares.

Sección 1.ª: LOS ALIMENTOS ENTRE PARIENTES

2. Explicación general

Respecto de la obligación de alimentos, que incumbe frente a ciertos menores o a sus familiares —en determinadas situaciones, que luego se detallarán—, se ofrece una marcada diferencia entre los planteamientos del Código Civil de 1888 y de la Compilación Catalana de 1960: en el primero, la definición ofrecida es de carácter descriptivo, mediante criteriología de enumeración harto discutible y discutida; mientras que en la segunda, por el contrario, lo ofrecido es una definición que aspira a ser esencial, con amplitud y flexibilidad mucho más dignas de encomio. De ahí que parezca oportuno detenerse a comentar el avance criteriológico conseguido en este terreno.

Según el Código Civil, el deber de alimentos comprende seis aspectos, de los cuales cuatro son comunes a todos los casos y otros dos especiales para aquellas situaciones en que los alimentistas sean menores de edad. He aquí las definiciones del Código sobre el particular: "Se entiende por alimentos todo lo que es indispensable para el sustento, habitación, vestido y asistencia médica, según la posición social de la familia. Los alimentos comprenden también la educación o instrucción del alimentista cuando es menor de edad" (art. 146).

De esta suerte, el deber de alimentar queda desdoblado en otros seis —sustentar, proporcionar habitación, vestir, asistir médicamente, educar e instruir—, los cuales sin duda recogen sus facetas primordiales, pero acaso no agotan plenamente su contenido.

Para evitar ese riesgo, es para lo que probablemente sustituye la Compilación Catalana tal criterio enumerativo por otro más conciso en tanto que esencial: "Los alimentos comprenderán todas las necesidades comunes a la vida, así en salud como en enfermedad" (art. 25). Y en otro momento, con referencia a menores de edad, conceptúa ese deber como "obligación de mantener, educar e instruir" (art. 71); con lo cual las cuatro funciones comunes a todo alimentante, según lo antes recordado, quedan aquí resumidas en las actividades del "mantener"... sustituible en verdad, según ocurre más adelante en la propia Compilación (art. 127), por la fórmula certeramente sintética "adecuado sustento".

Otra peculiaridad del derecho especial de Cataluña sobre alimentos es el singular relieve que éstos revisten al derivar de un heredamiento o *heredament*: es decir, que frente a *hereus* y *pubillas* —es decir, hijos favorecidos a modo de "primogénitos" o "primogénitas"—, a modo de compensación por la situación de privilegio que les es privativa en lo dinerario, se les obliga a actuar como alimentantes respecto de alimentistas determinados. En tal sentido, léese en otro párrafo de la Compilación (art. 71-II): "El heredante deberá mantener al heredero, a su consorte y a sus hijos comunes, tanto sanos como enfermos, proporcionándoles todo lo necesario a la vida humana, y sufragar los gastos de educación e instrucción de dichos hijos, según el poder de la casa, siempre que guarden la obediencia y consideración debidas". Prescindiendo de la conexión de este nuevo precepto con los heredamientos que son su origen, detengámonos a meditar sobre otros varios de los detalles aquí incorporados, a cual más interesante y trascendental.

Un primer detalle, de carácter subjetivo, es la aplicación del deber de los alimentantes frente a los alimentistas "tanto sanos como enfermos"; eco fiel de aquella otra locución, antes transcrita, "así en salud como en enfermedad". Por cierto que, en aquel mismo artículo 25 del que viene a ser huella el aquí comentado, oblígase a actuar al alimentista "en consonancia con su posición social y la cuantía de su patrimonio": lo cual es abreviado, mediante las palabras "según el poder de la casa", de mucha mayor solera en Cataluña; y conste además que la anterior expresión parece una adaptación de aquella otra del Código, también transcrita ya, "según la posición social de la familia".

Otros detalles, éstos de carácter objetivo, son la concreción de la finalidad de los alimentos en "lo necesario a la vida humana" y su subordinación al deber de que los alimentistas "guarden la obediencia y consideración debidas"; otra doble puntualización, vagamente insinuada sólo en el Código Civil, y cuya rotunda explicación en la Compilación Catalana no puede dejar de ser aplaudida.

Para concluir los presentes párrafos introductorios acerca de los alimentos, acaso nada mejor que unas rápidas reflexiones etimológicas: pues así como "familia" deriva de famulado o *famulatus*, evocando originariamente al conjunto de fámulos o subordinados respecto de una autoridad paterna común..., así también "alimentos" es otra palabra de raíz latina derivada del verbo *alere* o mantener (el mismo verbo que ha originado la palabra "alumno" o persona que se alimenta, no a base de suministros materiales claro está, sino a base de esos suministros culturales que tan poco suelen apreciarse en la edad escolar y que constituyen el máximo alimentante), denotando en un principio al conjunto de "mantenimientos" que el alimentista debe recibir del alimentante. O sea que, ya en sus mismísimas premisas etimológicas, tanto lo familiar como lo alimenticio evocan "agrupaciones" muy atendibles.

3. Los alimentos entre parientes y el Código Civil

Artículo 142. **Se entiende por alimentos todo lo que es indispensable para el sustento, habitación, vestido y asistencia médica, según la posición social de la familia. — Los alimentos comprenden también la educación e instrucción del alimentista cuando es menor de edad.**

Aparte de insistir sobre la glosa ante esta norma anticipada en el apartado precedente, conviene puntualizar que sus diversos extremos tienen alcance territorial, aplicándose inclusive a los extranjeros residentes en España (12 de julio de 1904).

Artículo 143. **Están obligados recíprocamente a darse alimentos, en toda la extensión que señala el artículo precedente: 1.º Los cónyuges. — 2.º Los ascendientes y descendientes legítimos. — 3.º Los padres y los hijos legitimados por concesión del Jefe del Estado y los descendientes legítimos de éstos. — 4.º Los padres y los hijos naturales reconocidos, y los descendientes legítimos de éstos. — Los padres y los hijos legítimos en quienes no concurra la condición legal de naturales se deben, por razón de alimentos, los auxilios naturales para la subsistencia. Los padres están además obligados a costear a los hijos la instrucción elemental y la enseñanza de una profesión, arte u oficio. — Los hermanos deben también a sus hermanos legítimos, aunque sólo sean uterinos o consanguíneos, los auxilios necesarios para la vida, cuando por un defecto físico o**

moral, o por cualquiera otra causa que no sea imputable al alimentista, no pueda éste procurarse su subsistencia. En estos auxilios están, en su caso, comprendidos los gastos indispensables para costear la instrucción elemental y la enseñanza de una profesión, arte u oficio.

Tras lo puntualizado en el apartado anterior en torno a las diversas conceptuaciones de los alimentos, interesa aquí agregar sólo un par de puntualizaciones jurisprudenciales: para conocer del pleito que los reclame es competente el juez del domicilio del alimentante y para reclamar su importe, por regla general, el del lugar en que se suministran (21 de octubre de 1907 y 3 de setiembre de 1910).

Artículo 144. **La reclamación de alimentos, cuando proceda y sean dos o más los obligados a prestarlos, se hará por el orden siguiente: 1.° Al cónyuge. — 2.° A los descendientes del grado más próximo. — 3.° A los ascendientes, también, del grado más próximo. — 4.° A los hermanos. — Entre los descendientes y ascendientes se regulará la gradación por el orden en que sean llamados a la sucesión legítima de la persona que tenga derecho a los alimentos.**

Esta escala debe entenderse, según el Tribunal Supremo, en el sentido siguiente: la acción de alimentos puede dirigirse contra cualquiera de los obligados, justificando que los anteriores en la escala carecen de medios para satisfacerlos (5 de abril de 1902 y 24 de noviembre de 1920).

Artículo 145. **Cuando recaiga sobre dos o más personas la obligación de dar alimentos, se repartirá entre ellas el pago de la pensión en cantidad proporcional a su caudal respectivo. — Sin embargo, en caso de ur-**

gente necesidad y por circunstancias especiales, podrá el juez obligar a una sola de ellas a que los preste provisionalmente, sin perjuicio de su derecho a reclamar de los demás obligados la parte que les corresponda. — Cuando dos o más alimentistas reclamaren a la vez alimentos de una misma persona obligada legalmente a darlos, y ésta no tuviera fortuna bastante para atender a todos, se guardará el orden establecido en el artículo anterior, a no ser que los alimentistas concurrentes fuesen el cónyuge y un hijo sujeto a la patria potestad, en cuyo caso éste será preferido a aquél.

He aquí un par de ejemplos de cómo se aplica esta norma: el padre está obligado en principio a dar alimentos antes que los abuelos, si no se halla incapacitado física o moralmente para el trabajo (27 de abril de 1911 y 24 de noviembre de 1920); y, sin embargo, si carece de bienes el padre pueden reclamarse a la abuela materna, aunque aquél se halle capacitado para el trabajo, no pudiendo empero prestar los alimentos por haber contraído obligaciones militares que le absorben el tiempo (30 de abril de 1923 y 24 de noviembre de 1925).

Artículo 146. **La cuantía de los alimentos, en los casos comprendidos en los cuatro números del artículo 143, será proporcionada al caudal o medios de quien los da y a las necesidades de quien los recibe.**

Corresponde al tribunal sentenciador, como cuestión de hecho, el determinar la cuantía de los alimentos, sin que quepa el recurso de casación, según la Ley de Enjuiciamiento Civil (art. 1.692), "a menos que sea notoria la desproporción entre la cantidad señalada y los verdaderos recursos económicos del alimentante o las necesidades del alimentista" (20 de febrero de 1925).

Artículo 147. **Los alimentos, en los casos a que se refiere el artículo anterior, se reducirán o aumentarán proporcionalmente según el aumento o disminución que sufran las necesidades del alimentista y la fortuna del que hubiere de satisfacerlos.**

Según el Tribunal Supremo, no caben en este orden efectos retroactivos: es decir, las variaciones nunca se retrotraen a fecha anterior a la sentencia que las declara (30 de junio de 1885 y 23 de mayo de 1887).

Artículo 148. **La obligación de dar alimentos será exigible desde que los necesitare para subsistir la persona que tenga derecho a percibirlos; pero no se abonarán sino desde la fecha en que se interponga la demanda. — Se verificará el pago por meses anticipados y cuando fallezca el alimentista sus herederos no estarán obligados a devolver lo que éste hubiese recibido anticipadamente.**

La prueba de la necesidad del alimentista, en principio, corresponde a la misma persona que pide los alimentos, y se aceptan empero determinadas excepciones: por ejemplo, una hija no precisa tal prueba para tener derecho a alimentos (12 de febrero de 1912 y 6 de junio de 1917).

Artículo 149. **El obligado a prestar alimentos podrá, a su elección, satisfacerlos o pagando la pensión que se fije, o recibiendo y manteniendo en su propia casa al que tiene derecho a ellos.**

La opción aquí establecida, según el Tribunal Supremo, rige tanto para los alimentos definitivos como para los provisionales, y tanto en derecho común como en derecho catalán (11 de marzo de 1895 y 11 de mayo de 1897).

Artículo 150. **La obligación de suministrar alimentos cesa con la muerte del obligado, aunque los prestase en cumplimiento de una sentencia firme.**

Según el Tribunal Supremo y en aplicación de esta norma, el deber de alimentos es una obligación personalísima que, ni se transmite a los herederos, ni constituye carga real (6 de julio de 1895); no obstante, los civilistas discuten si tal criterio rige en Cataluña, optando algunos —como Pella y Forgas— por la negativa.

Artículo 151. **No es renunciable ni transmisible a un tercero el derecho a los alimentos. Tampoco puede compensarse con lo que el alimentista deba al que ha de prestarlos. — Pero podrán compensarse y renunciarse las pensiones alimenticias atrasadas, y transmitirse a título oneroso o gratuito el derecho a demandarlas.**

Puede embargarse la pensión alimenticia, en la parte que proceda, tanto por un tercero como por el mismo alimentante; ello no obsta a la prohibición de compensaciones que establece esta norma, la cual sólo se propone "evitar que se extinga totalmente" la referida pensión alimenticia (sentencias de 7 de julio de 1902 y de 27 de febrero de 1903, la primera sobre derecho común y la segunda sobre derecho catalán).

Artículo 152. **Cesará también la obligación de dar alimentos: 1.° Por muerte del alimentista. — 2.° Cuando la fortuna del obligado a darlos se hubiere reducido hasta el punto de no poder satisfacerlos sin desatender sus propias necesidades y las de su familia. — 3.° Cuando el alimentista pueda ejercer un oficio, profesión o industria, o haya adquirido un destino o mejorado de fortuna, de suerte que no le sea necesaria la pensión alimenticia para su subsistencia. — 4.° Cuando el alimen-**

tista, sea o no heredero forzoso, hubiese cometido alguna falta de las que dan lugar a la desheredación. — 5.° Cuando el alimentista sea descendiente del obligado a dar alimentos y la necesidad de aquél provenga de mala conducta, o de falta de aplicación al trabajo, mientras subsista esta causa.

Al parecer, la causa 5.ª de este artículo 152 se extiende a los hermanos, en virtud de lo exigido por el artículo 143 y no en cambio a los ascendientes o cónyuges. Ya el gran Justiniano, en su Novela 12 (cap. 2), disponía que el padre, aun cuando sea infractor de las leyes, "es, sin embargo, padre".

Artículo 153. **Las disposiciones que preceden son aplicables a los demás casos en que por este Código, por testamento o por pacto, se tenga derecho a alimentos: salvo lo pactado, lo ordenado por el testador o lo dispuesto por la ley para el caso especial de que se trate.**

Con esta norma acaba el capítulo que nos ocupa y bueno será advertir que, al igual que las precedentes, exige algún parentesco entre el alimentante y el alimentista: pues si se trata de alimentos convencionales o sin parentesco ninguno, para nada se aplica el capítulo que ahora concluye, sino los preceptos sobre contratos (15 de noviembre de 1900).

4. Cuestiones prácticas sobre los alimentos entre parientes

Pregunta: La cuantía de los alimentos, ¿debe guardar relación con el hecho de que la familia posea rango nobiliario en alguno de sus miembros?

Respuesta: Tal cuantía ha de guardar relación en bloque con la posición social de la familia, pero no con la personal de alguno de sus individuos poseedor de rango nobiliario (5 de diciembre de 1911).

P.: La sentencia civil concediendo divorcio o separación a determinados cónyuges, por adulterio de la mujer, ¿le priva del derecho a alimentos?

R.: Aquí el Tribunal Supremo se ha mostrado vacilante: mientras en un principio respondía que no (12 de mayo de 1900), posteriormente ha optado por el sí (7 de enero de 1927).

P.: ¿Debe alimentos a su madre la mujer casada, aunque no tenga más bienes que los incluidos en su dote previamente estimada?

R.: Sí los debe y como el dominio de tal dote pasa al marido, pasa a ser éste el deudor de la pensión alimenticia (26 de mayo de 1908).

P.: La obligación de alimentos entre hermanos (por línea de madre o uterinos, por línea de padre o consanguíneos, y por ambas líneas o de doble vínculo), ¿deja de ser exigible en algún caso?

R.: En más de uno, según el Tribunal Supremo: por ejemplo, si la necesidad del alimentista es debida a sus errores o vicios (24 de diciembre de 1902), o si posee alguno de los medios de subsistencia a que se refiere el párrafo último del artículo 143 —los procedentes de ascendientes o descendientes— (12 de marzo de 1910), o si se gana la vida con el producto de su trabajo en caso de querer (29 de mayo de 1916).

P.: ¿Acredita la no necesidad de alimentos el hecho de haber sido denegado judicialmente el beneficio de pobreza?

R.: Sí que lo acredita, incapacitando al que ha recibido tal denegación para convertirse en alimentista (16 de abril de 1883).

P.: En el caso contrario, si tal beneficio de pobreza ha sido concedido a quien debiera prestar alimentos, ¿le libra de ser alimentante?

R.: Según el Tribunal Supremo, no hay tal viceversa: la circunstancia de tener concedido el beneficio de pobreza para litigar, uno de los obligados a prestar alimentos, no basta para dirigir la reclamación al obligado subsidiario (27 de abril de 1911).

Sección 2.ª: LA LINEA RECTA DESCENDENTE ANTE LA SUCESION INTESTADA

5. Explicación general

Empieza, con la presente sección, por una serie de páginas consagradas a la sucesión intestada, cuyas normas determinan una pluralidad de agrupaciones familiares más allá de la muerte cuando se fallece sin testamento, empezando a tales efectos por la línea recta descendente de los hijos, nietos y biznietos legítimos —tema inicial—, para continuar luego con la línea recta ascendente, la línea de los descendientes naturales y las atribuibles a los colaterales o cónyuges —temas centrales de toda herencia sin testamento, a falta de descendencia legítima—, de forma que la sección postrera de la serie se consagrará a la "sucesión del Estado", en tanto que pariente universal a la par que guardián del Derecho.

Siguiendo al profesor José Castán Tobeñas, cabe en principio atribuir a la sucesión intestada los siguientes caracteres:

a) Ser una "sucesión hereditaria", en el sentido de actuar a título universal, en paralelismo con las colacionadas por testamento.

b) Ser una "sucesión legal", dado que son las leyes

las que directa y exclusivamente hacen los llamamientos de los parientes herederos.

c) Ser una "sucesión supletoria", que sólo entra en juego cuando falta —en todo o en parte— la testamentaria preferente.

Dejando aparte la enorme multitud de lucubraciones doctrinales y hasta de sistemas normativos ideados para encauzar tales herencias intestadas —dado que en España, según acaba de anticiparse, se han combinado los sistemas favorecedores de los distintos grupos de familiares (descendientes legítimos, ascendientes legítimos o naturales, descendientes naturales, colaterales hasta determinados grados y cónyuges) con el sistema de sucesión estatal, en tanto que invocable a falta de los restantes—, antes de ocuparnos en concreto acerca de la línea recta descendente, he aquí los únicos casos en que debe acudirse a la sucesión intestada, según otra famosa enumeración del Código (art 912):

1.° Cuando uno muere sin testamento, o con testamento nulo, o que haya perdido después su validez. Ejemplos: cuando se nombra heredero a alguien premuerto frente al testador y sin sustituto ninguno, o con sustituto también premuerto, etc.

2.° Cuando el testamento no contiene institución de heredero, en todo o en parte de los bienes, o no dispone de todos los que corresponden al testador. Ejemplos: cuando el testador sólo distribuye sus fincas, o sus alhajas, o sus obras de arte, olvidando otros sectores de sus propiedades.

3.° Cuando falta la condición puesta a la institución de heredero... o repudia la herencia sin tener sustituto y sin que haya lugar al derecho de acrecer. Ejemplos: cuando no se ha cumplido el condicionamiento de que el instituido heredero casara con determinada persona, o acabara cierta carrera, o reconociera determinada descendencia (fallando además las "sustituciones" o los "acrecimientos", según acaba de indicarse).

4.° Cuando el heredero instituido es incapaz de suceder. Ejemplos: cuando el presunto heredero ha matado a su "heredable", o ha incurrido en tentativa de asesinato, etc. (mediante cualquiera de las llamadas circunstancias penales de indignidad).

Y aun reconociendo que los principales han quedado esclarecidos mediante los ejemplos aportados, veamos ya sin tardanza lo dispuesto por el derecho español acerca de la línea recta descendente en tanto que sucesora intestada.

6. La línea recta descendente ante la sucesión intestada y el Código Civil

Artículo 930. **La sucesión corresponde, en primer lugar, a la línea recta descendente.**

Según se advertirá en los inmediatos artículos, alúdese aquí sólo a la descendencia legítima y de ahí que ciertos autores (Castán y Rimblas) aboguen por el día en que llegue a "ampliarse el derecho de sucesión a todos los hijos ilegítimos". Otro tanto aplíquese al derecho catalán, cuya primera norma a este respecto dice así (Compilación Catalana, 248): "La sucesión intestada se regirá por lo dispuesto en el Código Civil, salvo las especialidades contenidas en los tres artículos siguientes" (el 249 pasará a la sección 4.ª o sobre hijos naturales, el 250 a la sección 5.ª o sobre colaterales y cónyuges, el 251 a la sección 3.ª o sobre ascendientes).

Artículo 931. **Los hijos legítimos y sus descendientes suceden a los padres y demás ascendientes, sin distinción de sexo ni edad, y aunque procedan de distintos matrimonios.**

Esta referencia última a los matrimonios, ha aclarado el Tribunal Supremo, elimina a cualesquiera descendientes que no sean legítimos (13 de febrero de 1903).

Artículo 932. **Los hijos del difunto le heredarán siempre por su derecho propio, dividiendo la herencia en partes iguales.**

Otra sentencia del Tribunal Supremo puntualiza: justificado el parentesco directo, queda justificada la sucesión legítima (7 de noviembre de 1896).

Artículo 933. **Los nietos y demás descendientes heredarán por derecho de representación y, si alguno hubiese fallecido dejando varios herederos, la porción que le corresponda se dividirá entre éstos en partes iguales.**

Alúdese aquí implícitamente al llamado derecho de representación, definido así por el propio Código (art. 924): "El que tienen los parientes de una persona para sucederle en todos los derechos que tendría si viviera o hubiera podido heredar." Y conste que ya la *Partida VI* (III-13) proclamó tal derecho.

Artículo 934. **Si quedaren hijos y descendientes de otros hijos que hubiesen fallecido, los primeros heredarán por derecho propio y los segundos por derecho de representación.**

Esta norma, que combina las precedentes, debe entenderse así: el nieto natural no tiene derecho a la herencia del abuelo, aunque le hubiera premuerto su padre y éste fuera hijo legítimo de tal abuelo (13 de febrero de 1903).

7. Cuestiones prácticas sobre la línea recta descendente ante la sucesión

Pregunta: ¿Siempre se han aplicado en Cataluña las normas del Código Civil sobre sucesiones intestadas?

Respuesta: En un principio, regían las Novelas 117 y 127 de Justiniano, de las cuales ha venido a separarse el Código en lo siguiente: en acoger a los hijos naturales reconocidos, en prescindir de los adoptivos (algo que en Cataluña ha vuelto a actualizar la Compilación de 1960), en llamar a los medio hermanos en concurrencia con los de doble vínculo, en situar al cónyuge después de los colaterales de tercer grado y en limitar al sexto grado el llamamiento de esos colaterales (ahora restringidos al cuarto grado, a partir de 1958).

P.: ¿Existen sentencias del Tribunal Supremo, anteriores a la Compilación Catalana de 1960, que aboguen por la equiparación de lo común con lo foral en esta esfera?

R.: Tales sentencias son múltiples y casi todas invocan la llamada Ley de Mostrencos de 16 de mayo de 1835 (19 de enero de 1927, 4 de julio y 17 de diciembre de 1928, 28 y 31 de mayo de 1930, etc.).

P.: El llamado Parlamento de Cataluña, durante la II República española, ¿no dictó ninguna norma discriminadora?

R.: Dictó a estos efectos la "Ley de Sucesión Intestada para Cataluña" de 7 de julio de 1936, restableciendo las mentadas Novelas de Justiniano.

P.: Tras acabar la guerra civil española de 1936 a 1939, ¿cuándo se restableció la anterior legislación?

R.: Ello ocurrió por la Ley de 8 de setiembre de 1939, derogadora con efectos retroactivos de la mencionada Ley del Parlamento de Cataluña.

P.: ¿Cuáles fueron las primeras sentencias del Tribunal Supremo insistiendo sobre la equiparación legislativa ante la sucesión intestada?

R.: Tardaron bastante en aparecer, no sobreviniendo sino hasta el año 1945, con fechas de 3 de enero y 21 de mayo (Repertorio Jurisprudencial Aranzadi, año 1945, número 682).

P.: ¿Existe alguna monografía jurídica que comente con detalle estos interesantes vaivenes jurisprudenciales?

R.: Cabe recomendar la siguiente, de un ilustre jesuita y profesor de derecho civil en la Universidad de Deusto (Bilbao): la intitulada *La sucesión intestada y troncal en las regiones forales según el Tribunal Supremo* (otras regiones forales afectadas son, en este orden de cosas, Aragón y Vizcaya) de Luis M.ª Estibalez, S. J.

Sección 3.ª: LA LINEA RECTA ASCENDENTE ANTE LA SUCESION INTESTADA

8. Explicación general

El hecho de que, en ausencia de descendientes legítimos, la sucesión intestada vaya a parar a manos de los ascendientes igualmente legítimos... parece bastante obvio y no requiere, con toda seguridad, ninguna explicación detallada, como no sea el insistir acerca de alguno de sus precedentes históricos, sea en derecho justiniano (Novelas 118 y 127), sea en derecho castellano (Leyes 6.ª y 7.ª de Toro).

En cambio, lo que sí merece subrayamiento es la circunstancia de que en Cataluña existe —desde antiguo, cual institución particularísima, conservada como tal por la Compilación de 1960— la llamada institución de impúberes, regida por el principio romanístico "vuelva lo paterno a los parientes paternos y lo materno a los maternos" *(paterna paternis, materna maternis)*, cuya última reglamentación mediante seis normas es transcrita acto seguido y brevemente glosada (Compilación Catalana, 251):

"La sucesión intestada del causante impúber, en defecto de sustitución pupilar, se regirá por las normas siguientes (recuérdese que la «sustitución pupilar» es aquella mediante la cual los progenitores prevén la posible premoriencia, en plena impubertad, de alguno de sus hijos):

"1.ª En los bienes procedentes de su padre o madre no adoptivos, o de los demás parientes paternos o maternos hasta el cuarto grado, cualquiera que sea el título de adquisición de los mismos, serán respectivamente llamados a la sucesión por su orden los parientes más próximos del impúber, dentro del cuarto grado, en la línea de que los bienes procedan (éste es el principio genérico antes recordado *paterna paternis, materna maternis,* cuya fundamental excepción aparece acto seguido).

"2.ª Si hay ascendientes de otra línea, conservarán su derecho a la legítima sobre dichos bienes (tal legítima excepcional había sido afirmada por el Tribunal Supremo el 16 de abril de 1898 y negada poco después, el 10 de octubre de 1919, entre vacilaciones que convenía disipar).

"3.ª En los demás bienes del impúber, su sucesión intestada se regirá por las reglas generales, sin distinción de línea (alúdese al caso de que haya concurrido la herencia del padrino, o de la madrina, etc.).

"4.ª A los efectos de este artículo, se consideran de procedencia paterna la dote estimada y el esponsalicio o *escreix;* y de la materna, la dote inestimada, el precio de la estimada y la *soldada.* Los bienes que en virtud de reserva por segundas nupcias haya adquirido el impúber, quedarán comprendidos entre los de la línea del cónyuge premuerto, a no ser que los hubiere adquirido por elección o distribución del reservista (para aclarar algunas de estas nociones, como el *escreix* de los tortosinos y la *soldada* de los urgelenses, lo mejor será remitir a otros lugares de la propia Compilación, arts. 43-44 y siguientes).

"5.ª No tendrán la consideración de troncales los frutos de los bienes de igual carácter (esta excepción a la «troncalidad», a ojos vistas, presenta una finalidad simplificadora).

"6.ª Respecto a los impúberes nacidos fuera del matrimonio, las reglas de este artículo se aplicarán de acuerdo con el criterio que preside las órdenes de sucesión intestada de los mismos (este postrer párrafo, contrastando una vez más con el Código Civil, testimonia la tendencia de la Compilación Catalana a equiparar los descendientes todos)."

Y por cuanto los paréntesis intercalados entre las sucesivas normas han sido ya lo bastante explícitos, pasemos sin más a las habituales glosas ante el Código.

9. La línea recta ascendente ante la sucesión intestada y el Código Civil

Artículo 935. **A falta de hijos y descendientes legítimos del difunto, le heredarán sus ascendientes, con exclusión de los colaterales.**

Las premisas históricas de esta norma son las Leyes de Toro (VI-VII) y la *Partida VI* (IV-13), en contraste con las Novelas 118 y 127 de Justiniano, que equiparaban con los ascendientes a los hermanos de doble vínculo.

Artículo 936. **El padre y la madre, si existieren, heredarán por partes iguales. — Existiendo uno sólo de ellos, éste sucederá al hijo en toda la herencia.**

Esta norma, en apariencia muy genérica, se complementa en el propio Código por otras dos: las reguladoras de la reserva lineal (art. 811) y de la reversión a favor de algún ascendiente (art. 812).

Artículo 937. **A falta de padre y madre, sucederán los ascendientes más próximos en grado. — Si hubiera varios de igual grado pertenecientes a la misma línea, dividirán la herencia por cabezas; si fueren de líneas diferentes, pero de igual grado, la mitad corresponderá a los ascendientes paternos y la otra mitad a los maternos. En cada línea la división se hará por cabezas.**

Aparte de que aquí se refleja una troncalidad similar a la antes advertida frente a los descendientes, pero a la viceversa, oportuno resulta constatar que en virtud de esta norma el abuelo no tiene derecho a la herencia de su nieto natural —a pesar de haberle premuerto el padre del heredable y aun cuando fuera hijo ilegítimo suyo—, en paralelismo con lo ya puntualizado ante el artículo 934 (10 de junio de 1918).

Artículo 938. **Lo dispuesto en los dos artículos anteriores se entiende sin perjuicio de lo ordenado en los artículos 811 y 812, que es aplicable a la sucesión intestada y a la testamentaria.**

Y aplicable además, procede aquí añadir, al derecho común y al derecho foral: puntualización referida a Aragón, en concreto, por el Tribunal Supremo (10 de diciembre de 1926).

10. Cuestiones prácticas sobre la línea recta ascendente ante la sucesión

Pregunta: Atendiendo al derecho comparado, la preferencia que España otorga a los ascendientes sobre los colaterales en cuanto sucesores intestados, ¿cabe señalarla en algún otro país?

Respuesta: Desde luego que sí, pues mientras algunas naciones otorgan la preferencia a los colaterales (Norteamérica y el antiguo derecho francés), u otras simultanean las llamadas a los hermanos y los ascendientes (tesis del derecho justiniano que pasó a Italia, Rumania, Países Bajos y el moderno derecho francés), la preferencia de los ascendientes con exclusión de los colaterales ha sido adoptada por Portugal y la gran mayoría de los países hispanoamericanos (Argentina, Chile, México, Perú, etc.).

P.: Antes de regir la Compilación Catalana de 1960, ¿qué sucesión intestada se aplicaba en la zona de Tortosa?

R.: Aplicábase el orden de llamamientos que establece el Código de las Costumbres de Tortosa, inspirado en el derecho romano y que era el siguiente: "1.° Descendientes legítimos y adoptivos. 2.° Ascendientes en concurrencia con los hermanos. 3.° Colaterales incluyendo: *a)* Hermanos de doble vínculo e hijos de éstos. *b)* Hermanos de vínculo sencillo. *c)* Los demás colaterales hasta el décimo grado 4.° Cónyuge sobreviviente. 5.° Hijos naturales" (llamados a la sexta parte de la herencia del padre, a partir con la madre natural). Como puede advertirse, en esta lista los ascendientes legítimos quedan subordinados a los descendientes adoptivos y coordinados a los hermanos, doble perjuicio inexistente en el Código Civil.

P.: Antes de la mentada Compilación, ¿aplicábase algún otro orden sucesorio en Cataluña?

R.: En el Valle de Arán regía el Privilegio del Rey Pedro III, con dos especialidades: 1.ª Amplitud en los derechos otorgados a los hijos naturales, quienes en defecto de los legítimos suceden a sus progenitores y demás parientes al igual que los legítimos; y 2.ª Predominio para el principio de troncalidad, de acuerdo con la tendencia a conservar los patrimonios familiares, según costumbre antiquísima de tal valle.

P.: La Compilación de Derecho Civil Foral de Vizcaya de 1959, ¿establece alguna norma a nuestro respecto?

R.: Establece dos. Por un lado, que "a falta de los sucesores expresados en el artículo anterior (que alude a los descendientes), la sucesión se ordenará del modo siguiente: *a)* Los bienes troncales de cada una de las líneas paterna o materna corresponderán a los ascendientes tronqueros de la línea de donde procedan... *b)* Los bienes no troncales se repartirán por iguales partes entre las dos líneas de ascendientes legítimos, sea cual fuere la proximidad de los ascendientes en una y otra línea..." (art. 32, del que se omiten otros detalles de menor interés). Por otra parte, "en las líneas ascendente y colateral, paterna y materna, el pariente más próximo excluye al más remoto..." (art. 33, con omisiones similares en la transcripción).

P.: ¿Ocurre algo similar en la Compilación de Derecho Civil Especial de Baleares de 1961?

R.: Una única norma destaca ahí: aquella a cuyo tenor "todas las personas que hubieren tenido la condición de legitimarios del causante, en su sucesión testada... tendrán por ministerio de la ley, en su sucesión intestada, los mismos derechos" (art. 52 que puede favorecer, a ojos vistas, a los ascendientes).

P.: ¿Cabe resumir análogamente las normas de la Compilación de Derecho Civil de Aragón de 1967?

R.: Ahí los preceptos son mucho más complejos (artículos 127 a 136), por cuanto obligado resultará acudir a los mismos por parte de quien se halla interesado en ello.

Sección 4.ª: LOS HIJOS NATURALES RECONOCIDOS ANTE LA SUCESION INTESTADA

11. Explicación general

Remontándonos en el derecho histórico español, lenta en verdad se nos presenta la trayectoria de equiparación de los hijos naturales respecto de los legítimos, en tanto que sucesores intestados.

En derecho medieval, los preceptos clásicos sobre la materia aparecen en la *Partida VI* (XIII-8 y 11) y en las Leyes de Toro (IX y XII), convergentes ambas en la Ley de Mostrencos de 16 de mayo de 1835.

Tales normas establecían una serie de distingos, según se tratara de la herencia paterna o de la materna, venturosamente caídos en el olvido tras las modernas tendencias equiparadoras de los sexos.

Otra norma alfonsina de la propia *Partida VI* (XIII-12) permitía a los hijos naturales suceder abintestato a los parientes maternos —abuelos, bisabuelos, etc. en la línea ascendente, o hijos, nietos, etc., en la línea descendente, siempre con referencia al progenitor reconociente—, algo ahora por completo suprimido en el Código Civil.

En Cataluña rige cierta igualación entre los hijos adoptivos y los naturales, al siguiente tenor (Compilación Catalana, 249): "En la sucesión intestada del padre o madre adoptante, los hijos adoptivos y sus descendientes legítimos se equipararán a los legítimos, incluso en el caso de concurrir con éstos en la sucesión. — Los hijos naturales reconocidos o declarados judicialmente o legitimados por concesión soberana y sus descendientes legítimos se equipararán, en la sucesión de la madre, a los hijos y descendientes legítimos. En la sucesión del padre los citados hijos solamente sucederán a falta de descendientes y ascendientes legítimos y de hijos adoptivos y descendientes legítimos de éstos."

Los precedentes de esta norma romana, bastante similar a las antes aludidas de la *Partida VI*, cabe situarlos en el derecho romano cristianizado o justiniano: tanto en el famosísimo Código de Justiniano (VIII-48, ley 10) como en su cifra y compendio las *Instituciones* o *Instituta* (II-13, párrafo 4).

Otras peculiaridades forales podrán ir siendo puntualizadas en los inmediatos apartados, debido a lo cual justo parece no demorarlos más.

12. Los hijos naturales reconocidos ante la sucesión intestada y el Código Civil

Artículo 939. **A falta de descendientes y ascendientes legítimos sucederán al difunto, en el todo de la herencia, los hijos naturales legalmente reconocidos y los legitimados por concesión del Jefe del Estado.**

Según la Sala de lo Contencioso-Administrativo del Tribunal Supremo, esta norma tiene una excepción, relativa a las pensiones de montepío: ya que no tienen derecho a ellas los hijos naturales, ni pueden aplicarse a la legislación administrativa los preceptos de este artículo o de los inmediatos de esta Sección del Código (22 de marzo de 1919).

Artículo 940. **Si con los hijos naturales concurrieren descendientes de otro hijo natural o legitimado que hubiese fallecido, los primeros sucederán por derecho propio y los segundos por representación.**

Discútese entre los civilistas si este concurrir "por representación" es exclusivo de los descendientes legítimos del hijo natural, o bien extensible a los igualmente naturales, optando la mayoría de ellos por lo primero (desde Castán Tobeñas hasta Rimblas Rimblas).

Artículo 941. **Los derechos hereditarios concedidos al hijo natural o legitimado en los dos anteriores artículos, se transmitirán por su muerte a sus descendientes, quienes heredarán por derecho de representación a su abuelo difunto.**

Dese por repetida aquí la glosa formulada ante el artículo anterior, en cuanto al problema suscitable y al modo de resolverlo.

Artículo 942. **En el caso de quedar descendientes o ascendientes legítimos, los naturales y legitimados sólo percibirán de la herencia la porción que se les concede en los artículos 840 y 841.**

Tales cuotas son: "La mitad de la cuota que corresponda a cada uno de los legítimos no mejorados, siempre que quepa dentro del tercio de libre disposición, del cual habrá de sacarse deduciendo antes los gastos de entierro y funeral" (art. 840), para el caso de que concurran descendientes legítimos y naturales; o bien "cuando el testador no dejare hijos o descendientes pero sí ascendientes legítimos, los hijos naturales reconocidos tendrán derecho a la mitad de la parte de herencia de libre disposición... sin perjuicio de la legítima del viudo" (art. 841).

Artículo 943. **El hijo natural y el legitimado no tienen derecho a suceder abintestato a los hijos y parientes legítimos del padre o madre que lo haya reconocido, ni ellos al hijo natural ni al legitimado.**

Según el Tribunal Supremo, este criterio se extiende a cualesquiera descendientes legítimos del hijo natural (24 de junio de 1897).

Artículo 944. **Si el hijo natural reconocido o el legitimado muere sin dejar posteridad legítima o reconocida por él, le sucederá por entero el padre o madre que le reconoció y, si los dos le reconocieron y viven, le heredarán por partes iguales.**

En este punto, ha venido a actualizarse una norma de la *Partida VI* (ley 8.ª del título XIII).

Artículo 945. **A falta de ascendientes naturales, heredarán al hijo natural y al legitimado sus hermanos naturales, según las reglas establecidas para los hermanos legítimos.**

También en este punto, último a colacionar dentro del presente apartado, adviértese la actualización de otra norma de la *Partida VI* (ley 12.ª del título XIII).

13. CUESTIONES PRÁCTICAS SOBRE LOS HIJOS NATURALES RECONOCIDOS ANTE LA SUCESIÓN

Pregunta: La Compilación de Derecho Civil Foral de Vizcaya, ¿cómo regula esta materia?

Respuesta: Mediante un precepto equiparador de las estirpes legítima y natural, al siguiente tenor (art. 31): "La sucesión intestada se deferirá por el siguiente orden: 1.° A los hijos legítimos, por derecho propio; y a los demás descendientes legítimos, por derecho de representación. — 2.° A los hijos naturales reconocidos y a los legitimados por concesión del Jefe del Estado, por derecho propio; y a sus descendientes legítimos, por derecho de representación. — El derecho de representación sólo se da en la línea recta descendente".

P.: ¿Ocurre algo similar en la Compilación de Derecho Civil Especial de Baleares de 1961?

R.: En Baleares rige un distingo romanístico máximo: de un lado, "los hijos naturales reconocidos tienen, en la herencia de su madre, los mismos derechos que los legítimos" (art. 41); y de otro, "en la sucesión del padre, los hijos naturales reconocidos y sus descendientes legítimos, por representación y por estirpes, son legitimarios por partes iguales" (art. 43). En ambos casos, sin embargo, se señalan limitaciones si se concurre con descendencia legítima, o con hijos adoptivos, o con ascendientes legítimos.

P.: Para lo concerniente a Cataluña, la actual anteposición de los hijos adoptivos frente a los naturales, ¿tiene algún precedente?

R.: Nuestro Tribunal Supremo defendió ya tal anteposición, para Cataluña, en sentencia fechada el 19 de abril de 1915: mediante fundamentos muy acordes por cierto con las modernas directrices sobre la adopción (reflejadas en las leyes de 17 de octubre de 1941 y 24 de abril de 1958, aparte de las normas actualmente en elaboración.)

P.: La vigencia del artículo 941, cuando exige para que puedan acogerse a herencias intestadas los hijos ilegítimos que no haya ni descendientes ni ascendientes legítimos, ¿afecta a todas las regiones forales?

R.: Según el Tribunal Supremo, afecta a todo el territorio español sin excepción (13 de junio de 1914).

P.: ¿Cómo podrían resumirse los derechos sucesorios de la descendencia natural, en derecho español común?

R.: Con la siguiente frase del profesor Castán: "La sucesión intestada en los bienes del hijo natural no pasa del primer grado en la línea ascendente, ni del segundo en la colateral.”

P.: Dentro de la anterior frase, ¿no se omite una lógica referencia a la línea descendente?

R.: Según el Tribunal Supremo, los descendientes del padre natural no ostentan derecho alguno a la sucesión del hijo reconocido o legitimado (24 de junio de 1897).

Sección 5.ª: COLATERALES Y CONYUGES ANTE LA SUCESION INTESTADA

14. Explicación general

En contraste con los derechos de los parientes colaterales en tanto que sucesores intestados —idénticos en derecho común y en derecho catalán, por regirse unos y otros de acuerdo con el Código Civil— y con las claridades que los rodean, los derechos de los cónyuges viudos resultaban bastante dudosos por cuanto afectaba a las diversas regiones forales y muy en especial a Cataluña, debido a lo cual precisa ante todo congratularse de que normas recientes hayan venido a combatir tales dudas.

En efecto, la Compilación Catalana de 1960 ha recogido, en sendos artículos, lo que podría llamarse el "anverso" y el "reverso" de tales consortes viudos en tanto que sucesores intestados: resultando de esos preceptos dos grupos de normas, unas favorecedoras y otras limitadoras de las herencias conyugales con carácter intestado.

Por un lado, en el terreno de los usufructos y como preceptos favorecedores, destacan los siguientes (art. 250 de la Compilación Catalana): "El viudo o la viuda a quien su difunto consorte no le hubiese otorgado disposición alguna por causa de muerte en codicilo o en capitulación matrimonial (aquí no se habla de «testamento», pues el capítulo en cuestión se rotula «De la sucesión intestada»), adquirirá por ministerio de la ley libre de fianza en la sucesión abintestato de éste el usufructo de la mitad de la herencia, si los herederos abintestato son descendientes o ascendientes legítimos del difunto, y el usufructo sobre la totalidad en los demás casos. El esponsalicio o *escreix* y la *soldada* no tendrán, a estos efectos, el carácter de disposición por causa de muerte (sobre estas dos instituciones, la primera tortosina y la segunda urgelense, atiéndase a esta misma Compilación Catalana, arts. 43-44 y siguientes). — Cuando el usufructo sea de la mitad de la herencia, a falta de acuerdo entre los interesados, o de resolución judicial determinativa de los bienes concretos hereditarios que hayan de ser objeto del usufructo, el cónyuge tendrá la administración de toda la herencia, pero entregará a los herederos los frutos y rentas correspondientes a la parte libre del usufructo (esta garantía, según puede advertirse, robustece a la anterior en favor del viudo o viuda). — El mencionado usufructo no se extenderá a las legítimas ni a las donaciones por causa de muerte o legado hechas en codicilo a favor de otras personas; quedará sujeto, en su caso, a la limitación prevista en el artículo 253 y será compatible con la cuarta marital que pudiera corresponder a la viuda, la cual podrá optar entre uno y otro derecho, con aplicación de lo establecido en el artículo 257 (aplazando para el párrafo inmediato aclarar el artículo 253, interesa ahora dejar sentado que el artículo 257 prevé la repudiación «tácita» de ciertos presuntos herederos, a falta de aceptación expresa y dentro de plazos determinados). — No tendrá derecho a este usufructo el viudo o viuda que estuviese culposamente separado del cónyuge difunto, aunque no sea por sentencia, ni el que fuese declarado indigno de sucederle; y lo perderá por contraer nuevo matrimonio o por llevar vida manifiestamente licenciosa" (este final de la norma, con antecedentes en el *Usatge Vidua* al igual que todo lo anterior, acaba empero de perfilar una "institución nueva" en su conjunto y según opinión de autorizados especialistas).

Por otra parte, en el terreno de las propiedades y como preceptos limitadores, he aquí un par más sin desperdicio (art. 253 de la Compilación Catalana): "El cónyuge sobreviviente del causante bínubo, en concurrencia con descendientes legítimos de anterior matrimonio de éste, sólo podrá adquirir en la sucesión, directa o indirectamente, bienes por un valor que, sumado al recibido por donación de su consorte, no exceda del que corresponda al hijo menos favorecido (eco de la discutida Ley *Hac edictali* del Código de Justiniano, consagradora de la porción filial o *portio virilis* como barrera para viudeces resultantes de segundas o ulteriores nupcias). — Lo que excede de tal valor quedará atribuido, por partes iguales, al cónyuge sobreviviente y a todos los hijos (puestos a señalar precedentes, el propio Justiniano en su Novela 22 atribuía estos excedentes con mayor rigor antividual todavía «a los hijos del primer matrimonio»)."

En contraste con estas complejas reglamentaciones de derecho foral, se ofrece el derecho común mucho más incomplejo, según va a comprobarse acto seguido y sin necesidad de insistir sobre las apostillas incluidas en los sucesivos paréntesis.

15. Los colaterales o cónyuges ante la sucesión intestada y el Código Civil

Artículo 946. **A falta de las personas comprendidas en las tres secciones que preceden, heredarán los parientes colaterales y los cónyuges por el orden que se establece en los artículos siguientes.**

Esta norma ha venido a fusionar otras dos de la *Partida VI*, las leyes 2.ª y 5.ª de su título 13.

Artículo 947. **Si no existieren más que hermanos de doble vínculo, éstos heredarán por partes iguales.**

Mediante este precepto, los hermanos de doble vínculo pasan a ser "colaterales privilegiados", aunque sin excluir plenamente ni a los sobrinos directos (art. 948), ni a los medio hermanos (arts. 949 a 950), ni a los medio sobrinos (art. 951), ni al viudo o viuda (arts. 952 a 953): exclusiones privilegiantes que, sin duda ninguna, es mejor hayan desaparecido.

Artículo 948. **Si concurrieren hermanos con sobrinos, hijos de hermanos de doble vínculo, los primeros heredarán por cabezas y los segundos por estirpes.**

Aplicando esta norma, el Tribunal Supremo ha puntualizado que si fallecen hermanos o sobrinos —pendiente una sucesión—, transmiten sus derechos a los hijos, quienes heredan por estirpes (18 de noviembre de 1902).

Artículo 949. **Si concurrieren hermanos de padre y madre con medio hermanos, aquéllos tomarán doble porción que éstos en la herencia.**

Tras este precepto está latiendo otro anterior del propio Código Civil (art. 925): "El derecho de representación tendrá siempre lugar en la línea recta descendente, pero nunca en la ascendente. — En la línea colateral tendrá lugar en favor de los hijos de hermanos, bien sea de doble vínculo, bien de un solo lado" (precepto complementario, por igual, de los artículos 948 y 950-951).

Artículo 950. **En el caso de no existir sino medio hermanos, unos por parte del padre y otros por la de la madre, heredarán todos por partes iguales, sin ninguna distinción de bienes.**

Ejemplificaciones de este "caso" pueden serlo las situaciones en que un viudo casa con una viuda, ambos con varios hijos mayores, muriendo al poco tiempo los dos en accidente y sin dejar testamento: entonces quedan equiparados los hijos de él e hijastros de ella con los hijastros de él e hijos de ella, todos por igual, sin respetarse el antiguo principio romanístico "lo paterno para los parientes paternos y lo materno para los maternos" *(paterna paternis, materna maternis).*

Artículo 951. **Los hijos de los medio hermanos sucederán, por cabezas o por estirpes, según las reglas establecidas para los hermanos de doble vínculo.**

Aquí está latiendo otro artículo del Código Civil, aquel que establece lo siguiente (art. 927): "Quedando hijos de uno o más hermanos del difunto, heredarán a éste por representación si concurren con sus tíos. Pero si concurren solos, heredarán por partes iguales."

Artículo 952. **A falta de hermanos y sobrinos, hijos de éstos, sean o no de doble vínculo, sucederá en todos los bienes del difunto el cónyuge sobreviviente que no estuviese separado por sentencia firme.**

En este precepto la Ley de 24 de abril de 1958 ha suprimido sus dos últimas palabras ("de divorcio"), por razones obvias, latiendo además bajo su preceptiva —al igual que bajo la de las normas precedentes— este otro artículo del Código Civil: "No podrá representarse a una persona viva sino en los casos de desheredación o incapacidad" (art. 929).

Artículo 953. **En el caso de existir hermanos o hijos de hermanos, la legítima que en todo caso corresponde al viudo en la sucesión intestada será la parte de herencia en usufructo asignada en el artículo 838.**

Esta norma ha elevado a la categoría de legitimarios

a los cónyuges viudos, a partir de su nueva redacción mediante la aludida Ley de 1958, dado que con anterioridad se limitaba a lo siguiente: "En el caso de existir hermanos o hijos de hermanos, el viudo o viuda tendrá derecho a percibir, en concurrencia con éstos, la parte de herencia en usufructo que le está señalada en el artículo 837" (según el antiguo 837 tal parte era la mitad, mientras que según el renovado 838 se eleva a los dos tercios).

Artículo 954. **No habiendo hermanos, ni hijos de hermanos, ni cónyuge supérstite, sucederán en la herencia del difunto los demás parientes del mismo en línea colateral hasta el cuarto grado, más allá del cual no se extiende el derecho de heredar abintestato.**

La redacción de este postrer artículo de la sección que nos ocupa fue impuesta por el Real Decreto-Ley de 13 de enero de 1928 (para entrar a regir el 1 de julio del propio año), ya que con anterioridad se extendía la sucesión intestada de los colaterales hasta el sexto grado o parentesco propio de los primos segundos —hijos de primos hermanos—, mientras actualmente termina en los mismos primos hermanos. Ello ocurre, claro está, cuando se trata de parentescos plenamente simétricos y puede también darse en parentescos disimétricos: por ejemlo, es de cuarto grado el que une al sobrino-nieto con su tío-abuelo; y es de sexto grado el que une al sobrino-biznieto con su tío-bisabuelo.

16. Cuestiones prácticas sobre los colaterales o cónyuges ante la sucesión

Pregunta: ¿Cómo se regulan las llamadas "reservas" o "bienes reservables" en derecho catalán?

Respuesta: Vienen regulados por el siguiente precepto de la Compilación Catalana (art. 269-I): "Los bienes que el viudo o viuda hayan adquirido por cualquier título lucrativo de su difunto consorte, directamente o bien por sucesión intestada de su hijo común o descendiente legítimo de éste, pasarán por ministerio de la ley, a partir del momento en que dicho viudo o viuda contraiga nuevas nupcias, a tener la cualidad de reservables a favor de los hijos del anterior matrimonio o descendientes legítimos de éstos."

P.: Continuando con el mismo tema, ¿a partir de qué momento esos "bienes reservables" pasan a sus destinatarios legales?

R.: También esto está previsto en la Compilación Catalana (art. 269-II): "Al fallecer el cónyuge bínubo, los bienes reservables o sus subrogados se deferirán a los referidos hijos o descendientes reservatarios que existan al acaecer dicho fallecimiento, quienes lo adquirirán como sucesores del consorte premuerto, de conformidad a lo que establece el párrafo primero del artículo siguiente y sin perjuicio de su derecho a renunciarlo".

P.: ¿Guardan realmente una relación estrecha, en derecho catalán, los bienes reservables y la sucesión intestada?

R.: He aquí cómo resuelve afirmativamente tal duda la Compilación Catalana (art. 270-I): "La delación de los bienes reservables tendrá lugar según las reglas de la sucesión intestada..."

P.: ¿Por qué la Compilación Catalana toma tantas medidas en favor de los hijos de primeras nupcias, cuando uno de sus progenitores enviuda y pasa a contraer nuevo matrimonio?

R.: Ello se remonta al intenso influjo romanístico que ha incidido desde siempre en derecho catalán, influjo que arranca —para nuestro tema— de la Novela 22 (cap. 25), donde puede leerse: "Pasarán tales lucros a todos los hijos de las primeras nupcias. Porque no les permitimos a los padres la elección indebidamente introducida contra aquéllos, ni que den ciertamente a uno de los hijos y que desconsideren a otro, pues todos están igualmente desconsiderados con las siguientes nupcias."

P.: Al pasar los bienes reservables a los reservatarios, ¿precisa distinguir entre su propiedad y su usufructo?

R.: Dos sentencias del Tribunal Supremo (21 de mayo de 1861 y 16 de junio de 1962) resuelven esa cuestión sosteniendo que la propiedad de los bienes reservables se transfiere —por disposición de la ley, a los hijos del primer matrimonio— en el momento de contraer el padre segundas nupcias, quedando sólo el usufructo atribuido al cónyuge supérstite hasta su muerte.

P.: La reserva común entre parientes —prescindiendo ya del caso de segundas nupcias—, en cuanto regulada por el artículo 811 del Código Civil, ¿tiene o no aplicación en Cataluña?

R.: Los civilistas lo discuten, mas el Tribunal Supremo ha respondido que sí con insistencia a tal duda, mediante una serie de sentencias recientes (14 de junio de 1945, 5 de junio de 1954, 1 de julio de 1955, 1 de febrero de 1957, etc.).

Sección 6.ª: LA SUCESION DEL ESTADO

17. Explicación general

Discútese entre algunos civilistas acerca de si cabe fundamentación o no para llamar al Estado, cuando no hay parientes próximos, en calidad de sucesor intestado supletorio de cualesquiera personas fallecidas con fortuna.

Según Castán Tobeñas, procede emprender dos fundamentaciones, la racional y la social. Por un lado, "desde el momento en que los derechos de los colaterales se agotan por perderse el sentimiento de la unidad familiar, el Estado tiene derecho a los bienes en concepto de vacantes, para evitar los conflictos que nacerían de abandonarlos al primer ocupante". Y a mayor abundamiento, "sin recurrir a esta consideración (basada en una concepción de sabor romanista y feudal), basta para justificar el derecho del Estado la de que, si por la tutela y protección que a la propiedad presta tiene siempre éste participación en las herencias, bajo la forma de impuesto de transmisión, es lógico que cuando no concurran herederos por derecho de familia absorba el Estado, por derecho social, todo el caudal hereditario".

Respetando la preferencia que cada lector se forme en su interior por una u otra fundamentación, algo indudable es que —en visión panóptica de derecho comparado— se han delineado tres tendencias diversas para canalizar los derechos estatales y que, siguiendo una vez más a Castán Tobeñas, pueden resumirse así: ora "destinar los bienes hereditarios vacantes a acrecer los ingresos del Fisco o patrimonio del Estado" (criterio del derecho romano postclásico que han hecho suyo múltiples países europeos —Alemania, Bélgica, Francia, Países Bajos, Italia, Portugal— y algunos americanos —Colombia, Chile, Guatemala, Uruguay—), ora "atribuirlos a otras entidades de carácter público, principalmente a los municipios" (criterio de países aislados, desde Suiza hasta Costa Rica), ora en suma "invertirlos en el cumplimiento de fines sociales, como la beneficiencia y la instrucción" (criterio muy generalizado en los Estados Unidos de Norteamérica —Maryland, Washington, Wisconsin, etc.— y hasta entre los estados no unidos de Hispanoamérica —Honduras, México, Venezuela, etc.).

Nuestro Código Civil, en su primitiva redacción de 1888, pertenecía al criterio tercero entre los aludidos: mas a partir de las modificaciones introducidas cuarenta años después (por el ya mentado Real Decreto-Ley de 13 de enero de 1928) ha pasado a seguir un criterio mixto o intermedio entre los dos últimos, según podrá comprobar el lector de inmediato, con sólo cotejar las dos redacciones —la primitiva y la definitiva— que han revestido los correspondientes artículos sobre la materia.

18. La sucesión del Estado y el Código Civil

Artículo 956. **A falta de personas que tengan derecho a heredar conforme a lo dispuesto en las precedentes secciones, heredará el Estado, quien asignará una tercera parte de la herencia a instituciones municipales del domicilio del difunto, de beneficencia, instrucción, acción social o profesionales, sean de carácter público o**

privado, y otra tercera parte a instituciones provinciales de los mismos caracteres de la provincia del finado, prefiriendo tanto entre unas como entre otras aquellas a las que el causante haya pertenecido por su profesión y haya consagrado su máxima actividad, aunque sean de carácter general. La otra tercera parte se destinará a la Caja de Amortización de la Deuda Pública, salvo que por la naturaleza de los bienes heredados el Consejo de Ministros acuerde darle, total o parcialmente, otra aplicación.

La redacción primitiva de este artículo no fijaba "terceras partes" (algo en principio plausible, dado el auge creciente de lo municipal y lo provincial frente a lo estatal), sino que se limitaba a prescribir: "A falta de personas que tengan derecho a heredar conforme a lo dispuesto en las precedentes secciones, heredará el Estado, destinándose los bienes a los establecimientos de beneficiencia e instrucción gratuita, por el orden siguiente: 1.° Los establecimientos de beneficencia municipal y las escuelas gratuitas del domicilio del difunto. — 2.° Los de una y otra clase de la provincia del difunto. — 3.° Los de beneficencia e instrucción de carácter general" (adviértase que estas tres directrices son las mismas hoy vigentes y que al mayor determinismo cuantitativo de las terceras partes, como por compensación, se ha unido cierto indeterminismo cualitativo en la destinación: ya que en 1888 atendíase sólo a "beneficencia" e "instrucción", abriéndose desde 1928 la puerta a posibilidades tan genéricas como la "acción social o profesional", e inclusive a cualquier "otra aplicación").

Artículo 957. **Los derechos y obligaciones del Estado, así como los de las instituciones o entidades a quienes se asignen las dos terceras partes de los bienes, en el caso del artículo 956, serán los mismos que los de los demás herederos, pero se entenderá siempre acep-**

tada la herencia a beneficio de inventario, sin necesidad de declaración alguna sobre ello, a los efectos que enumera el artículo 1.023.

También aquí la redacción actual deriva del aludido Decreto-Ley de 1928, ya que en la versión originaria de 1888 para nada se sancionaba el "beneficio de inventario", antes bien se limitaba a declarar: "Los derechos y obligaciones de los establecimientos de beneficencia e instrucción, en el caso del artículo anterior, serán los mismos que los de los otros herederos". Y conste que la modificación introducida es realmente importante, según puntualiza el invocado artículo 1.023, cuyo texto es el siguiente: "El beneficio de inventario produce, en favor del heredero, los efectos siguientes: 1.° El heredero no queda obligado a pagar las deudas y demás cargas de la herencia sino hasta donde alcancen los bienes de la misma. — 2.° Conserva contra el caudal hereditario todos los derechos y acciones que tuviera contra el difunto. — 3.° No se confunden para ningún efecto, en daño del heredero, sus bienes particulares con los que pertenezcan a la herencia" (de ahí que "heredar a beneficio de inventario" equivalga a "heredar sobre seguro", según ha hecho saber el certero lenguaje popular, donde tal expresión es ya moneda corriente: en el bien entendido de que, cuando el heredero es un particular, ello no pasa de ser una posibilidad a elegir; y en cambio, cuando el heredero es el Estado, aplícase "sin necesidad de declaración alguna sobre ello").

Artículo 958. **Para que el Estado pueda apoderarse de los bienes hereditarios, habrá de preceder declaración judicial de heredero, adjudicándole los bienes por falta de herederos legítimos.**

Esta norma es la única de la sección que nos ocupa no modificada a partir de la publicación del Código Civil en 1888, tal vez por su mero alcance procesal, que guarda estrecha relación con diversos preceptos de la Ley de Enjuiciamiento Civil (arts. 977, 986, 987, 998, 999, 1.000 y 1.109).

19. Cuestiones prácticas sobre la sucesión del Estado

Pregunta: Para que el Estado pueda ocupar unos bienes, a título de heredero, ¿qué debe hacer?

Respuesta: Si los bienes tienen algún poseedor de hecho y sin título suficiente, según suele ocurrir, precisará que previamente el Estado justifique su derecho contra tal poseedor (10 de enero de 1894 y 10 de junio de 1897).

P.: Cuando un testamento resulta impugnable y en su defecto la herencia correspondiente debe pasar al Estado, ¿quién es el llamado a impugnar tal testamento?

R.: La acción para pedir la nulidad de ese testamento corresponde al propio Estado, representado a tales efectos por los abogados del Estado de la provincia donde el hecho se presentare, con vistas a defender el derecho estatal en la sucesión (17 de noviembre de 1898).

P.: ¿Es suficiente una declaración judicial en favor del Estado, para convertirle en heredero de bienes determinados?

R.: En principio es suficiente, pero acéptase prueba en contra; por ejemplo, si el difunto era casado y no se practicó la partición en favor de los parientes, aun existiendo declaración judicial "por error" en favor del Estado, no cabe llegar a la adjudicación (resolución de la fiscalía del Tribunal Supremo de 20 de julio de 1916).

P.: La Caja de Administración de la Deuda Pública, cuando dejó de existir, ¿cómo fue sustituida a los efectos del artículo 956 del Código Civil?

R.: Una Real Orden de 1 de abril de 1931, en efecto,

suprimió tal Caja y dispuso que ingresara definitivamente "en el Tesoro" lo a ella destinado: mas tal desaparición fue efímera, no llegando a reflejarse en ninguna de las disposiciones reformadoras del propio Código.

P.: En concreto, ¿quiénes cuidan de que sea el Estado el auténtico heredero cuando así corresponde?

R.: Según el Real Decreto-Ley de 23 de junio de 1928 (art. 9), tal misión corresponde en concreto a los delegados provinciales de Hacienda.

P.: A falta de esos delegados provinciales, cuando los bienes radican en el extranjero, ¿quiénes se encargan de esos menesteres?

R.: A partir de la Orden de 16 de julio de 1932, en tal supuesto los encargados son los correspondientes consulados o agentes consulares.

APENDICES

NORMAS DEL CODIGO CIVIL ESPAÑOL EN TORNO A LA ADOPCION

Nota preliminar

A lo largo del presente libro, tanto con referencia a situaciones entre personas vivas como con referencia a instituciones por causa de muerte —dado que, desde siempre, los hijos adoptivos son personas con derechos no sólo *inter vivos* sino además *mortis causa,* según dirían los magistrales jurisperitos romanos—, han ido saliendo a nuestro encuentro alusiones a "adoptantes" y "adoptados", en tanto que individuos humanos poseedores de obligaciones o deberes a la par que de facultades o derechos.

Ahora bien, a comienzos del año 1970 —meses que enmarcan la redacción material de este libro— las Cortes Españolas estuvieron preparando una nueva legislación sobre la materia, que introduce bastantes cambios en la vigente durante los postreros lustros. De ahí que, con insistencia repetida, se hayan desaprovechado múltiples oportunidades y a sabiendas, en orden a puntualizar el alcance de la adopción entre nosotros: algo que, sin embargo, algún lector acaso lamente; y de ahí que, como compensación y por vía de "apéndice", van ahora a transcribirse las tres "secciones generales" que el Código Civil dedica a la materia (la 1.ª sobre "disposiciones generales", la 2.ª acerca "de la adopción plena" y la 3.ª acerca "de la adopción menos plena").

En conjunto, trátase de nueve artículos (del 172 al 180) cuya actual redacción deriva de la Ley de 24 de abril de 1958, que hace una década pareció muy revolucionaria al enmendar excesivas rigideces de las primitivas fórmulas de nuestro Código de 1888, pese a lo cual se nos ha quedado anticuada en poco más de dos lustros. Para abreviar, estos apéndices se limitarán a reproducir los preceptos codificados... y que cada lector juzgue, de acuerdo con su propia criteriología personal.

1. Disposiciones generales acerca de la adopción

Artículo 172. **La adopción, por sus requisitos y efectos, puede ser plena y menos plena.**

Artículo 173. **Pueden adoptar quienes se hallen en pleno uso de sus derechos civiles y hayan cumplido la edad de treinta y cinco años. El adoptante ha de tener, por lo menos, dieciocho años más que el adoptado. — Se prohíbe la adopción: 1.º A los eclesiásticos. — 2.º A los que tengan descendientes legítimos, legitimados o hijos naturales reconocidos. — 3.º Al tutor respecto de su pupilo, hasta que le hayan sido aprobadas definitivamente sus cuentas. — 4.º Al cónyuge sin consentimiento de su consorte. Los cónyuges pueden adoptar conjuntamente y fuera de este caso nadie puede ser adoptado por más de una persona.**

Artículo 174. **La adopción atribuye al adoptante la patria potestad respecto del adoptado menor de edad. — Adoptante y adoptado se deben recíprocamente ali-**

mentos, sin perjuicio del preferente derecho de los hijos legítimos, legitimados o naturales reconocidos. — Los derechos del adoptado en la herencia del adoptante y establecidos en la escritura de adopción son irrevocables; y surtirán efecto, aunque éste muera intestado, salvo que el adoptado incurriere en indignidad para suceder, o causa de desheredación, o se declarare extinguida la adopción. — El pacto sucesorio no podrá exceder de los dos tercios de la herencia del adoptante, sin perjuicio de los derechos legitimarios reservados por la ley a favor de otras personas. — El adoptado conservará los derechos sucesorios que le correspondan en la familia por naturaleza. — En orden a la tutela y a la representación y defensa del ausente, adoptante y adoptado serán considerados como padre e hijo, pero los hijos legítimos y los hijos naturales reconocidos, si existiesen, serán preferidos a los adoptivos. — La adopción produce parentesco entre el adoptante, de una parte, y el adoptado y sus descendientes, de otra; pero no respecto a la familia del adoptante, con excepción de lo dispuesto sobre impedimentos matrimoniales.

Artículo 175. La adopción es irrevocable. — Podrán pedir judicialmente que se declare extinguida la adopción del menor e incapacitado: 1.º El padre o madre legítimos o naturales, durante la minoría o incapacidad del adoptado, si el hijo hubiere sido abandonado o expósito y ellos acreditaren suficientemente su falta total de culpabilidad en el abandono y su buena conducta a partir de éste. Y el ministerio fiscal cuando lleguen a su conocimiento motivos graves que afecten al cuidado del adoptado. — El juez ponderará los motivos alegados y muy especialmente la moralidad de los padres y el tiempo transcurrido desde la adopción, oyendo al adoptado si su estado de razón lo aconseja y resolviendo lo que estime más conveniente para éste. — 2.º El mismo adoptado, dentro de los cuatro años siguientes a la mayoría de edad o a la fecha en que la incapacidad haya desaparecido, siempre que se funde en alguna de las causas que den lugar a la desheredación de los ascendientes. — En los casos en que se declare extinguida la adopción, quedará sin otros efectos que los ya consumados. — El reconocimiento de la filiación natural del adoptado o su legitimación no afectará a la adopción.

Artículo 176. La adopción se autoriza previo expediente, en el que necesariamente se manifestará a la presencia judicial el consentimiento del adoptado mayor de edad; si fuera menor o incapaz, el de las personas que debieran darlo para su matrimonio; y si fuere casado, el de su cónyuge. — Si el adoptado estuviere sometido a la tutela de una casa de expósitos o a otro establecimiento de beneficencia, el expediente se tramitará exclusivamente por la administración de éste, haciendo las comprobaciones necesarias, oyendo al adoptado si tuviere suficiente juicio, y a sus más próximos parientes si fueren conocidos. El expediente se elevará al juez, quien en el plazo de ocho días y previa audiencia del ministerio fiscal, lo aprobará o señalará las causas que lo impidan. — Será nula la adopción en la que no se cumplan estos requisitos.

Artículo 177. Aprobada definitivamente la adopción por el juez, se otorgará escritura, expresando en ella las condiciones con que se haya hecho, y se inscribirá en el Registro Civil correspondiente.

2. Adopción plena

Artículo 178. Sólo podrán adoptar plenamente los cónyuges que vivan juntos, procedan de consuno y lleven más de cinco años de matrimonio. También podrán hacerlo las personas en estado de viudedad. — Unica mente podrán ser adoptados los abandonados o expósitos que, siendo menores de catorce años, lleven más de tres en tal situación, o siendo mayores de catorce años fueron prohijados antes de esta edad por los adoptantes. — El adoptado, aunque conste su filiación, ostentará como únicos apellidos los de su adoptante o adoptantes. — El Registro Civil no publicará, a partir de la adopción, los apellidos impuestos al adoptado en su inscripción de nacimiento ni dato alguno que revele su origen. No obstante, el juez de Primera Instancia podrá acordar que se expida certificación literal del acta de inscripción de nacimiento del adoptado, a solicitud de quien justifique interés legítimo y razón fundada para pedirla. La resolución judicial no será necesaria si el solicitante fuese el propio adoptado mayor de edad.

Artículo 179. **Por ministerio de la ley el adoptado, y por representación sus descendientes legítimos, tendrán en la herencia del adoptante los mismos derechos que el hijo natural reconocido; y el adoptante, en la sucesión de aquél, los que la ley concede al padre natural. — El adoptado está exento de deberes por razón de parentesco con sus ascendientes o colaterales por naturaleza, pero conservará los derechos sucesorios; y también los alimentos, cuando no los pueda obtener del adoptante, en la medida necesaria. — Los parientes por naturaleza no conservarán ningún derecho, salvo los que asistan a los padres por razón de la deuda alimenticia, cuando se dieren las circunstancias expresadas en el artículo 175 para extinguir la adopción.**

3. Adopción menos plena

Artículo 180. **Cuando uno de los cónyuges adopte al hijo legítimo, legitimado o natural reconocido del otro consorte, la patria potestad se atribuirá a ambos por** el orden establecido en el artículo 154. — En defecto del adoptante, la patria potestad pasará a los padres por naturaleza. — El adoptado podrá usar con el apellido de su familia el del adoptante, si se expresa en la escritura de adopción, en la que en tal caso se establecerá el orden en que haya de usarlos. — El adoptado como tal sólo tendrá, en la herencia del adoptante, los derechos pactados expresamente en la escritura de adopción, sin perjuicio de la legítima de los hijos legítimos, legitimados o naturales reconocidos que pudiera tener el adoptante.

4. Normas del año 1970 sobre la adopción

El día 7 de julio de 1970, apareció en el *Boletín Oficial del Estado* (también llamado, hoy como ayer, *Gaceta de Madrid)* el texto de las nuevas normas acordadas por las Cortes Españolas en torno de la adopción, tras amplios debates durante las semanas precedentes, con resonancias jurídicas y hasta periodísticas. Como ya se han recogido las normas que venían rigiendo hasta aquella fecha, en el que ahora se inicia nos limitaremos a transcribir literalmente las normas nuevas, sin entrar en comparaciones que el propio lector se podrá elaborar por sí mismo si lo desea; y para mayor claridad, las recientes disposiciones serán copiadas sin excluir nada, ni siquiera la "exposición de motivos", donde se aclaran no pocas de las innovaciones introducidas. Y sin más preámbulos, pasemos a la transcripción de referencia, párrafo por párrafo.

Ley 7/1970, del 4 de julio, de modificación del capítulo V del título VII del libro I del Código Civil, sobre adopción.

La mayoría de los códigos civiles elaborados en la etapa histórica específicamente denominada codificadora, han visto hace ya tiempo sustituido el régimen de la adopción que habían configurado. En España este fenómeno vino a representarlo con alguna tardanza la ley de venticuatro de abril de mil novecientos cincuenta y ocho. No sería justo estimar como fracaso que al cabo de poco más de diez años nos encontremos de nuevo en trance de modificación; porque si estaba fuera de duda entonces la necesidad de reemplazar el viejo texto del Código Civil, no se mostraba con igual claridad cuáles habrían de ser los términos y el alcance de la reforma. La incertidumbre hizo aconsejable conjugar el progreso con la prudencia. Exponente de ello fue, sobre todo, distinguir dos clases de adopción: la plena, en la cual se fortaleció considerablemente el vínculo jurídico entre adoptante y adoptado a cambio de restringir la posibilidad de acceso a esa situación; y la adopción menos plena (llamada simple en la presente ley), que vino a significar algo recíprocamente contrario; esto es, mayor libertad de acceso a cambio de una efectividad jurídica menor, equiparable a la derivada de la primitiva figura de adopción.

En un entendimiento armónico del proceso de formación del Derecho, la estimación crítica que merezca la ley y señaladamente los problemas suscitados por su aplicación, no han de desdeñarse. El fundado parecer ajeno conviene ponderarlo en lo posible. Junto a él importa mucho tener en cuenta la experiencia. Esta pone en ocasiones de manifiesto realidades que pasan inadvertidas a la reflexión más atenta. El cometido del legislador, que singularmente en los tiempos actuales es a la vez de elaboración y revisión, no ha de considerarse, por tanto, desatendido de la incidencia de la norma en la vida y en la opinión pública.

Como tónica dominante, la ley persigue facilitar y

robustecer el vínculo adoptivo. Mientras en la ley de mil novecientos cincuenta y ocho, en donde ya hizo irrupción ese propósito, entrañaba una considerable novedad respecto de las directrices imperantes en el año mil ochocientos ochenta y nueve, ahora lo nuevo no se traduce tanto en una mutación de rumbo como en la continuada y progresiva apertura de derroteros ya esbozados.

La ley mantiene la distribución del articulado, correspondiente al capítulo V del título VII del libro I, en tres secciones, tal y como se hizo, si no estrictamente en la ley de mil novecientos cincuenta y ocho, sí en la proyección de ésta en el Código Civil: una primera sección dedicada con cierta amplitud a las disposiciones generales, y dos secciones consagradas a los preceptos específicos de las dos clases de adopción admitidas. Para no introducir alteraciones numéricas que pueden resultar en algún aspecto perturbadoras, se ha hecho el esfuerzo de mantener el mismo número de artículos a costa quizá de desbordar los límites más deseables. Dentro de la sección primera ha parecido conveniente invertir el orden expositivo, anteponiendo, por obvias razones, las normas que regulan la constitución de la adopción a las que se refieren a los efectos y a la extinción de la misma.

La ley reconoce las dos clases de la adopción consagradas por la reforma de mil novecientos cincuenta y ocho. Con ello sigue inserta en la tendencia compartida por diversas legislaciones extranjeras en reformas muy recientes, como la francesa de 1966 y 1967, la portuguesa de 1966, la italiana de 1967 y la belga de 1969, a las que se anticipó el legislador español, si es que no llegó a inspirarlas. En el orden terminológico, la ley, si bien conserva para la clase de adopción de efectos más intensos el nombre de "plena", elimina para la otra el término de "menos plena", pues aunque gramaticalmente correcto parece denotar una adopción de entidad escasa y movía a verla con recelo, por lo que se ha sustituido aquella expresión por la de "adopción simple", la cual, sin ser totalmente satisfactoria, parece preferible.

El texto propuesto admite de manera expresa la posibilidad de transformar o convertir la adopción simple en plena, posibilidad que, a la vista del texto precedente, pareció en un principio dudosa, aunque preponderó el criterio favorable de marcada ventaja para el adoptado. De esta manera, la adopción simple viene a cubrir una etapa en la que no es posible constituirla en forma plena por faltar los requisitos específicos, advenidos los cuales podrán conducir, sin solución de continuidad, a la adopción plena.

Al ocuparse de la capacidad para adoptar, la ley refleja el propósito de facilitar el acceso a la institución. Rebaja la edad exigida al adoptante, que pasa a ser ahora la de treinta años y es solución concorde con el derecho comparado, justificada también por la mayor facilidad con que hoy se anticipa si se carece de posibilidad de descendencia. El precepto que regula este punto incorpora un inciso determinativo de que en la adopción por los cónyuges basta que uno de ellos haya alcanzado la edad de treinta años; y así el supuesto de la adopción plena se torna en este aspecto más flexible, como corresponde a la comunidad de intereses e identidad de fin del matrimonio. La diferencia de edad entre adoptante y adoptado también experimentó un correctivo, en sentido análogo, al quedar expresada en dieciséis años.

En orden a las prohibiciones para adoptar, la ley persevera en el criterio de restringir su número. De un lado, mantiene la prohibición concerniente a las personas a quienes su estatuto religioso prohíbe el matrimonio; y de otro, suprime la relativa a quienes tienen ya descendientes. Esta última aproxima el derecho común al catalán, en el que, a tenor de la Compilación Especial de Derecho Civil, no existe la llamada prohibición de descendientes.

En igual línea permisiva, aparece la adopción de los propios hijos naturales reconocidos. El tema es polémico en la doctrina. Mas como, por una parte, la adopción por un cónyuge de los hijos del otro (entre ellos, los naturales) se ha reputado justificada, y, por otra parte, en la nueva ordenación el estado jurídico del hijo adoptivo incorpora señaladas prerrogativas, ha parecido oportuno no privar al hijo natural propio de algo que puede redundar en su beneficio. Además, la norma propuesta se inserta así en la muy difundida corriente de dignificación de la filiación natural.

No se han introducido modificaciones sustanciales en la consideración de la adopción como un acto, a la vez, consensual y formal, que requiere indispensablemente el concurso de la voluntad, la autorización judicial y el otorgamiento de escritura pública, todo ello con igual valor constitutivo. Por lo que concierne al consentimiento, se han estimado oportunas algunas matizaciones. En la regulación propuesta son distinguibles tres grados o escalas. Hay un consentimiento básico, sin el cual carecería de sentido siquiera pensar en la adopción: el del adoptante y el del adoptando mayor de catorce años. El juez carece, como es natural, de facultades decisorias en contra del consentimiento de tales personas o ante la falta del mismo. En segundo lugar aparecen ciertas modalidades del consentimiento, como el del cónyuge si la adopción no es conjunta, el de los padres del menor de edad y el del tutor, que técnicamente tendrían mejor encaje quizá en la figura del asentimiento; si bien la falta en el Código Civil de una acepción de la palabra en ese significado específico ha aconsejado prescindir de su empleo. En las hipótesis indicadas, si la citación del llamado a consentir o asentir no pudiera efectuarse o, practicada, no concurriere, el juez resolverá lo más conveniente para el adoptando. El último grado o escala lo ocupan las personas que simplemente habrán de ser oídas: el adoptando menor de catorce años, el padre o la madre privados o suspendidos en el ejercicio de la patria potestad, y la persona que ejerciere la guarda del adoptando. En tales casos, el juez tiene plenas facultades para decidir no sólo si es imposible citar a dichas personas, o si, citadas, no concurrieren, sino también para hacerlo en contra de un criterio de las mismas opuesto o desfavorable a la adopción.

La situación del menor abandonado, que en el texto precedente se contemplaba junto con la del expósito y a los estrictos efectos de la adopción plena, es considerada ahora de manera más amplia y precisa en el plano de las disposiciones generales. El texto propuesto bosqueja un concepto del menor abandonado en términos que hacen innecesaria la referencia a la figura anacrónica y peyorativa del expósito. Sobre la base de datos facilitados por la experiencia, unidos a criterios que tienen el respaldo de la ciencia médica, con el propósito de dispensar la máxima protección al menor, ha parecido oportuno reducir el tiempo requerido para apreciar determinadas situaciones de abandono, al exigir sólo el transcurso de seis meses. Así resultará legalmente posible la adopción en edad óptima para el adoptado, tanto en el sentido de poder beneficiarse primero de los cuidados del adoptante como en el de no percibir el cambio que en otras edades necesariamente se experimenta.

En cuanto a la competencia para apreciar y declarar la situación del abandono, la ley confiere aquélla a la Jurisdicción ordinaria.

La ley, al enunciar como norma general la equiparación de los hijos adoptivos a los legítimos, salvo preceptos expresos en sentido distinto —los cuales principalmente han quedado circunscritos a algunos aspectos del régimen sucesorio— se mantiene fiel a una tendencia muy difundida en el mundo que responde al frecuente deseo de los adoptantes y viene a potenciar el instituto de la adopción.

La extinción de la adopción continúa sometida a causas taxativas en las que ha procurado acentuarse el matiz restrictivo. De ahí que tenga el verdadero significado de principio jurídico básico la irrevocabilidad proclamada al frente del artículo correspondiente. La norma ya establecida en el texto anterior acerca de que el reconocimiento de la filiación natural del adoptado o su legitimación no afecta a la adopción, comprende en el proyecto, además, el supuesto de la prueba de la filiación legítima.

Dentro de la adopción plena pueden considerarse como normas de la mayor importancia y trascendencia, superadoras de los puntos de vista de la ordenación modificada, estas dos: permitir la adopción plena de los menores de catorce años, así como la de los mayores en determinados supuestos, y conferir a adoptado y adoptante las posiciones jurídicas correspondientes al hijo y al padre legítimos.

En una y otra norma radica, en buena parte, el sentido progresivo del proyecto. Cabe la adopción plena del menor de catorce años sin necesidad de que se encuentre en la situación de abandono: esta situación contará sólo a los fines de no requerirse el consentimiento de los padres. Y se admite asimismo la adopción plena del mayor de catorce años sin necesidad de que se dé la poco clara situación del prohijamiento, pues le basta vivir con anterioridad a la adopción en compañía del adoptante. O, sin mediar esta circunstancia, hallarse unido a él por vínculos familiares o afectivos.

Con la atribución a adoptado y adoptante de la posición sucesoria del hijo y del padre legítimos, el proyecto agota las posibilidades de favorecimiento del vínculo adoptivo. El no poder recibir, por vía de testamento, el hijo adoptivo más que el legítimo menos favorecido, no es un límite propiamente dicho, sino más bien la consecuencia de la estricta equiparación que de lo contrario resultaría desbordada. Alguna atenuación de la regla ha de reconocerse, en cambio, en la hipótesis del hijo adoptivo único.

Digamos, por último, que tras establecer que el Registro Civil no publicará nada concerniente a la filiación u origen del adoptado, ha parecido mejor, en lugar de regular el derecho a la expedición de certificaciones literales, remitirse a las disposiciones del Registro Civil, el cual, sobre todo a raíz de su última reforma, refleja un criterio muy restrictivo, con determinación taxativa de supuestos, entre los cuales se contempla el de la adopción en términos más limitados que los establecidos por la ley de veinticuatro de abril de mil novecientos cincuenta y ocho en el Código Civil.

El régimen de adopción simple, constituido principalmente por la proyección en el mismo de las normas generales y la no aplicabilidad de las propias de la adopción plena, es parco en su enunciación directa. Como norma específica ha de resaltarse, en primer término, que se autoriza ampliamente la sustitución de los apellidos derivados de la filiación, por los de la adopción, así como el uso de unos y otros. La conservación de los apellidos actúa como regla subsidiaria a falta de pacto en la escritura. La otra norma de importancia concierne a los derechos sucesorios. Superando el sistema, a la par insuficiente y expuesto a complicaciones, del pacto sucesorio, al hijo adoptivo en la adopción simple se le reconocen por la ley unos derechos que tienen considerable entidad y sobrepasan incluso a los hasta ahora otorgados por la adopción plena.

Dado el sentido progresivo, beneficioso y concorde con las aspiraciones sociales que entraña el régimen de la adopción, ha parecido conveniente no referirle de modo exclusivo al futuro; y así, por medio de la oportuna disposición transitoria, se permite acomodar las adopciones anteriores al nuevo régimen legal, siempre que concurran los requisitos sustanciales y de forma exigidos.

En su virtud, y de conformidad con la Ley aprobada por las Cortes Españolas, vengo en sancionar:

Artículo único. — El capítulo V del título VII del libro primero del Código Civil quedará redactado de la siguiente forma:

CAPITULO V

De la adopción

SECCION PRIMERA. — DISPOSICIONES GENERALES

Artículo 172. **La adopción puede ser plena y simple.**

La adopción simple se podrá convertir en plena si concurren los requisitos exigidos para ésta.

La adopción requiere que el adoptante se halle en el ejercicio de todos sus derechos civiles y tenga treinta años cumplidos. En la adopción por marido y mujer basta que uno de ellos haya alcanzado dicha edad. En todo caso, el adoptante o uno de los cónyuges adoptantes habrá de tener, por lo menos, dieciséis años más que el adoptado.

Los propios hijos naturales reconocidos podrán ser adoptados aunque no concurran los requisitos de edad mencionados en el párrafo anterior.

No pueden adoptar:

Primero. — Las personas a quienes su estatuto religioso prohíba el matrimonio.

Segundo. — El tutor respecto de su pupilo antes de aprobadas definitivamente las cuentas de la tutela.

Tercero. — Uno de los cónyuges sin consentimiento del otro, salvo el declarado inocente en virtud de ejecutoria de separación.

Fuera de la adopción por ambos cónyuges, nadie puede ser adoptado simultáneamente por más de una persona.

Artículo 173. La adopción requiere la aprobación del juez competente, con intervención del ministerio fiscal.

Habrán de prestar consentimiento para la adopción:

A) El adoptante y su cónyuge.

B) El adoptando mayor de catorce años y su cónyuge. En caso de separación legal, no será necesario el consentimiento del cónyuge del adoptando.

C) El padre y la madre, conjuntamente o por separado, del adoptando menor de edad sujeto a patria potestad.

D) El tutor, con autorización del consejo de familia, si la tutela estuviese constituida.

Deberán simplemente ser oídos el adoptando menor de catorce años si tuviere suficiente juicio, el padre o la madre a quienes se hubiere privado o suspendido en el ejercicio de la patria potestad y la persona que estuviere ejerciendo la guarda del adoptado. Cuando se trate de huérfanos, serán también oídos los abuelos de la línea del padre o madre premuertos.

Si cualquiera de los llamados a prestar consentimiento, fuera del caso del adoptante y del adoptado, no pudiere ser citado o no concurriere, el juez resolverá lo que considere más conveniente para el adoptando. Lo mismo se observará en cuanto a las personas que deban ser oídas, aun cuando comparezcan manifestando su criterio desfavorable a la adopción.

El juez, aun cuando concurran todos los requisitos necesarios para la adopción, valorará siempre su conveniencia para el adoptando, conforme a las circunstancias de cada caso, y muy especialmente si el adoptante tuviere hijos legítimos, legitimados, naturales reconocidos u otros adoptivos.

Artículo 174. En la adopción de menores abandonados no será necesario el consentimiento de los padres o del tutor, prevenido en el artículo anterior, sin perjuicio de que se oiga a los padres si fueren conocidos o se presentaren.

Se considerará abandonado el menor de catorce años que carezca de persona que le asegure la guarda, alimento y educación. Para apreciar la situación de abandono será irrelevante que ésta se haya producido por causas voluntarias o involuntarias.

La entrega del menor en una casa o establecimiento benéficos se considerará también como abandono en los siguientes casos:

a) Cuando el menor hubiere sido entregado sin datos que revelen su filiación.

b) Cuando, aun siendo conocida la filiación, constare la voluntad de los padres o guardadores de abandonar al menor manifestada con simultaneidad a su entrega o inferida de actos posteriores.

En uno y otro caso, la apreciación del abandono exigirá que hayan transcurrido durante el internamiento del menor seis meses continuos sin que el padre, madre, tutor u otros familiares del menor se interesen por él de modo efectivo mediante actos que demuestren su voluntad de asistencia. La mera petición de noticias no interrumpe, por sí sola, el referido plazo.

La situación de abandono será apreciada y declarada por el juez competente para conocer el expediente de adopción.

Artículo 175. Aprobada judicialmente la adopción, se otorgará escritura pública, que se inscribirá en el Registro Civil correspondiente.

El Registro Civil no publicará, a partir de la adopción, dato alguno que revele el origen del adoptado ni su condición de tal. Fuera de los casos taxativamente establecidos en la legislación del Registro Civil, no podrá expedirse certificación literal.

Artículo 176. En todo lo no regulado expresamente de modo distinto por la ley, al hijo adoptivo le corresponden los mismos derechos y obligaciones que al legítimo.

La adopción causa parentesco entre el adoptante, de una parte, y el adoptado y sus descendientes, de otra; pero no respecto a la familia del adoptante, sin perjuicio de lo dispuesto sobre impedimentos matrimoniales.

La adopción confiere al adoptante la patria potestad respecto del adoptado menor de edad. Cuando uno de los cónyuges adopte al hijo legítimo, legitimado, natural reconocido o adoptivo del otro consorte, la patria potestad se atribuirá a ambos por el orden establecido en el artículo ciento cincuenta y cuatro, párrafo primero.

Extinguida la patria potestad del adoptante, el juez proveerá a la guarda del menor, conforme a lo establecido en los capítulos II y IV del título IX del libro I. El consejo de familia se compondrá de las personas que el padre o la madre adoptantes hubiesen designado en su testamento o, en su caso, de cinco personas honradas, prefiriendo a los amigos de los adoptantes.

Artículo 177. La adopción es irrevocable.

La prueba de la filiación legítima del adoptado, el reconocimiento de su filiación natural o la legitimación no afecta a la adopción.

Podrán pedir judicialmente que se declare extinguida la adopción:

Primero. — El adoptado, dentro de los dos años siguientes a su mayoría de edad o la fecha en que la incapacidad hubiere desaparecido, siempre que se funde en alguna de las causas que dan lugar a la desheredación de los ascendientes.

Segundo. — El padre o la madre legítimos o naturales, dentro de los dos años siguientes a la adopción, sólo en el caso de que no hubieren intervenido en el expediente de adopción, ni prestado consentimiento, si probaren que fue por causa no imputable a ellos.

Tercero. — El ministerio fiscal, siempre que lleguen a su conocimiento motivos graves que afecten al cuidado del adoptado menor de edad o incapacitado.

La extinción de la adopción no alcanzará a los efectos patrimoniales anteriormente producidos.

SECCION SEGUNDA. — DE LA ADOPCION PLENA

Artículo 178. Sólo podrán adoptar plenamente: los cónyuges que vivan juntos, procedan de consuno y lleven más de cinco años de matrimonio: el cónyuge declarado inocente en virtud de ejecutoria de separación legal; las personas en estado de viudedad o soltería; uno de los cónyuges al hijo legítimo, legitimado, natural reconocido o adoptivo de su consorte, y el padre o madre al propio hijo natural reconocido.

Unicamente podrán ser adoptados de manera plena los menores de catorce años y los que, siendo mayores de tal edad, estuvieren viviendo antes de alcanzarla en el hogar y compañía de los adoptantes o de cualquiera de ellos; aunque no mediare esta circunstancia, podrán serlo también los mayores unidos al adoptante por vínculos familiares o afectivos, que el juez valorará en la forma establecida en el artículo ciento setenta y tres.

El adoptado, aunque constare su filiación, ostentará como únicos apellidos los de su adoptante o adoptantes.

Al adoptado no le serán exigibles deberes por razón de parentesco con sus ascendientes o colaterales por naturaleza.

Artículo 179. **El hijo adoptivo ocupa en la sucesión del adoptante la misma posición que los hijos legítimos, con las siguientes particularidades:**

Primera. — Concurriendo sólo con hijos legítimos, y tratándose de sucesión testamentaria, no podrá percibir por mejora más que el hijo legítimo menos favorecido.

Segunda. — Si concurriere con hijos naturales reconocidos, cada uno de éstos no podrá percibir menos porción que el adoptivo.

Los adoptantes ocuparán, en la sucesión del hijo adoptivo, la posición de padres legítimos.

Los parientes por naturaleza no ostentarán derechos por ministerio de la ley en la herencia del adoptado, sin perjuicio de lo dispuesto en el artículo ochocientos doce del Código.

SECCION TERCERA. — DE LA ADOPCION SIMPLE

Artículo 180. **La adopción simple no exige otros requisitos que los prevenidos con carácter general en la Sección Primera del presente capítulo. Respecto del cónyuge declarado inocente en virtud de ejecutoria de separación legal, regirá lo establecido en el párrafo primero del artículo ciento setenta y ocho.**

En la escritura de adopción podrá convenirse la sustitución de los apellidos del adoptando por los del adop-

tante o adoptantes, o el uso de un apellido de cada procedencia, en cuyo caso se fijará el orden de los mismos. A falta de pacto expreso, el adoptado conservará sus propios apellidos.

El hijo adoptivo ocupa en la sucesión del adoptante la misma posición que los naturales reconocidos. El adoptante ocupa, en la sucesión del hijo adoptivo, una posición equivalente a la del padre natural.

DISPOSICION TRANSITORIA

Las adopciones anteriores a la vigencia de la presente ley podrán ser acomodadas a sus disposiciones siempre que concurran los requisitos y formalidades en la misma exigidos, pudiendo en tal caso quedar sin efecto el pacto sucesorio, si hubiere mediado.

Dada en el Palacio de El Pardo, a cuatro de julio de mil novecientos setenta.

FRANCISCO FRANCO

El Presidente de las Cortes
ALEJANDRO RODRIGUEZ
DE VALCARCEL Y NEBREDA

EPILOGO

Según quedó anticipado en el prólogo del presente libro, antes de concluirlo se impondrá analizar algunos de los renovados fundamentos del Código Civil español, según aparecen formulados en principio desde la Ley de Bases de 1888 que lo planeó y rectificados en buena parte por las leyes complementarias rememoradas en aquellas mismas páginas introductorias.

Ya en la Base 1.ª aparece la fórmula definitoria "primer cuerpo legal de nuestra codificación" que prevé, a la perfección, lo que será el Código nacido en 1888; y se le atribuye además, como finalidad específica, el "atender a algunas necesidades nuevas con soluciones que tengan un fundamento científico o un precedente autorizado, en legislaciones propias o extrañas", finalidad que bien a las claras manifiesta el carácter abierto de tal codificación (de ahí que "cada diez años", según la disposición adicional última, el Tribunal Supremo deberá sugerir los convenientes retoques) y aplicable, muy en especial, al siempre evolucionante ámbito familiar, de continuo vivificable por las tres premisas aludidas (el derecho científico o "fundamental", el derecho histórico o "nacional" y el derecho comparado o "cotejador", mediante contraposiciones de lo nuestro con lo ajeno).

Dejando de lado la Base 2.ª —o mejor, limitándonos

a transcribir como finalidad en ella atribuida al texto de 1888 el "facilitar el enlace y aplicación del nuevo Código y de las legislaciones forales", algo que sobre todo está cumpliéndose ahora, cuando tal Código ha dejado de ser "nuevo" y lo foral en cambio se halla sintetizado en la serie de compilaciones promulgadas durante la década que va desde 1959 hasta 1969 (con sólo dos excepciones, Guipúzcoa y Navarra, únicas regiones forales no afectadas hasta el momento por el ímpetu compilador de los postreros lustros)—, es en la Base 3.ª donde se distingue entre los matrimonios civil y canónico, recordándose cómo fueron "las disposiciones de la Iglesia Católica, admitidas en el Reino por la Ley 13, título 1.º, libro 1.º, de la *Novísima Recopilación*" (trátase de la famosa refundición del derecho español ordenada el siglo XVIII por los monarcas borbones, para sustituir la precedente *Nueva Recopilación* de los monarcas habsburgos, anticuada ya entonces por muchos conceptos). Sin embargo, la distinción entre las dos especies de matrimonio —llamadas "formas" en el texto de 1888 y "clases" a partir de la Ley de 24 de abril de 1958— suscitó desde un principio la duda de si era posible el matrimonio civil cuando uno de los contrayentes no profese la religión católica, duda zanjada por la invocada Ley de 1958 (¡muy renovadora, a decir verdad, en muchos aspectos!) al asegurar que, a partir de tal fecha, "queda claramente establecido el carácter supletorio del matrimonio civil; basta, por tanto, que uno de los contrayentes profese *esta religión* (alúdese a la católica, apostólica y romana, claro está) para que no quepa otra clase de matrimonio que el canónico". Y se nos dispensará la amplitud de las citaciones, en este lugar al igual que en otros varios, amplitud excusable con toda probabilidad cuando se trata de respaldar caracteres importantes y "renovadores" según lo propuesto de entrada.

En la Base 4.ª, mediante expresión también un tanto

anticuada, se trata de la "patria potestad sucesiva del marido y de la mujer sobre sus hijos no emancipados", principio aún vigente en teoría —a no dudarlo—, si bien suavizado en la práctica cuando los progenitores carnales o quienes hacen sus veces están compenetrados, debido a lo cual la invocada Ley de 1958 viene a remozar tal concepto de patria potestad, presentándolo como el vínculo que hace depender a los hijos menores "de sus padres o de las personas que han de suplirlos", sin distinciones de sexo ni de otro tipo ninguno. Y en la complementaria Base 5.ª (referente a hijos reconocidos, o legitimados, o adoptivos), al establecerse como principios máximos de un lado que "no se admitirá la investigación de la paternidad" y de otro que "se permitirá la investigación de la maternidad", vuelve a emerger una irritante discriminación entre los sexos humanos —aceptable acaso en principio, según la máxima romanística de que "cada parto refleja, ante todo, al vientre que lo alumbró" *(partus praesertim ventri sequitur)*, pero necesitado de humanización—; y en este orden, una vez más, es la mentada Ley de 1958 la que aducirá un importante remedio, el siguiente: "La presente ley se inspira en el principio de que, tanto en un orden natural como en el orden social, el sexo por sí solo no puede determinar en el campo del derecho civil una diferencia de trato".

La Base 6.ª, concerniente a las ausencias humanas, enumera sus efectos civiles que culminan en la declaración de fallecimiento, entre múltiples garantías y "sin que la presunción de muerte llegue, en ningún caso, a autorizar al cónyuge presente para pasar a segundas nupcias"; norma que ha precisado renovar, mediante una serie de discriminaciones recogidas —poco después de nuestra última guerra civil, provocadora de dolorosas "ausencias" a diestro y a siniestro— en la Ley de 8 de setiembre de 1939. Y la Base 7.ª, potenciadora de "la tutela de los menores no emancipados, los dementes y los declarados pródigos o en interdicción civil", incurre igualmente en arcaísmos rectificados por la Ley de 1958, cuyos redactores reconocen haber actuado, muy meritoriamente por cierto, "con las miradas puestas en los hijos, que encarnan el más estimable bien que debe salvarse, cuando la familia hace crisis". ¡He aquí sabiamente señalada, como quien no quiere la cosa, esa punzante "crisis" que por doquier afecta hoy a lo familiar!

Finalmente, cuando la Base 8.ª asegura que "se fijará la mayor edad en los veintitrés años", su preceptividad solamente se prolongará —para no eludir a ciertas excepciones forales, vigentes desde un principio— hasta la Ley de 13 de diciembre de 1943, rebajadora de tal edad a los veintiuno. Y cuando la Base 9.ª puntualiza que "el Registro del Estado Civil comprenderá las inscripciones de nacimientos, matrimonios, reconocimientos y legitimaciones, defunciones y naturalizaciones", agrega luego una serie de criterios en buena parte renovados por las normas actualmente vigentes en tal esfera, ora la Ley del Registro Civil de 8 de junio de 1957, ora su Reglamento de 14 de noviembre de 1958.

Tales son las nueve Bases Iniciales o Familiares, dentro de la denominada Ley de Bases de 1888, a las que siguen dieciocho más (de la 10.ª a la 18.ª en cuanto Bases Centrales o Patrimoniales y de la 19.ª a la 27ª en tanto que Bases Terminales u Obligacionales), hasta integrar un conjunto de veintisiete principios innegablemente sugestivos, si bien esa sugestividad no ha impedido el que varios de ellos hayan envejecido y hasta precisado de sustitución, según ha ocurrido en nuestro derecho familiar, tal y como ha venido siendo pormenorizado. Tales pormenorizaciones epilogales, con visible oportunidad, bien podrán concluir mediante un hermoso párrafo de la *exposición de motivos* de la repetidamente citada Ley de 24 de abril de 1958 y que exterioriza con solemnidad la siguiente declaración —clausuradora de nuestro libro, entre rápidas apostillas, con la venia del lector—: "La familia, por *ser la más íntima y esencial de las comunidades,* no puede originar desigualdades, pero sí ciertas diferencias orgánicas derivadas de los cometidos que en ella incumben a sus componentes, para el mejor logro de los fines morales y sociales que, *conforme al derecho natural,* está llamada a cumplir". En otras palabras, la nueva sociedad familiar que nos ha venido ocupando merece ser perfilada mediante *dos rasgos máximos*: precisamente por ser "nueva", aparece bajo el perfilamiento sociológico contemporáneo de "la más íntima y esencial de las comunidades", resistiendo a los exteriorismos o a los existencialismos desaforados que han sido sus más recientes amenazas por doquier; y básicamente, por ser genuina "sociedad familiar", ofrécese en todo "conforme al derecho natural", resistiendo por igual a los positivismos o neopositivismos que intentan corroerla en sus mismísimos cimientos.

[illegible] de [illegible] la [illegible] más [illegible] del lector— [illegible] por [illegible] a [illegible] de un [illegible] otras [illegible] ción de los [illegible] que en [illegible] es, para el [illegible] de [illegible] que [illegible] de a [illegible] palabras [illegible] que más [illegible] de [illegible] los [illegible] bajo el [illegible] de [illegible] que [illegible] por [illegible] y [illegible] en [illegible] que [illegible] creados.

INDICE CONCEPTUAL

(Las cifras remiten a los artículos del Código Civil español glosados en el presente libro.)

B

C

D

E

F

G

H

N

O

P

R

S

T

U

V

INDICE

LIBRO PRACTICO

LA LEY A SU ALCANCE

títulos que usted encontrará en
esta selección
